# 成大事要懂
# 心理操纵术

田由申·编著

中国商业出版社

图书在版编目（CIP）数据

成大事要懂心理操纵术/田由申编著．—北京：中国商业出版社，2011.5（2021.7 重印）

ISBN 978－7－5044－7257－1

Ⅰ.①成… Ⅱ.①田… Ⅲ.①心理交往—通俗读物
Ⅳ.①B912.3－49

中国版本图书馆 CIP 数据核字（2011）第 059128 号

责任编辑：郭 强

中国商业出版社出版发行
010－63180647 www.c－cbook.com
（100053 北京广安门内报国寺 1 号）
新华书店经销
三河市华晨印务有限公司印刷
*
710 毫米×1000 毫米 16 开 16 印张 275 千字
2011 年 6 月第 1 版 2021 年 7 月第 2 次印刷
定价：39.80 元
* * * *

# 前　言

要想成就一番大事，与人交往是一门不可不精通的学问。人际交往最难突破的一道障碍就是心门，心理博弈在每天与人打交道的过程中都会上演。如何隐藏自己的真实想法，如何化解他人的敌意，如何赢得他人的信任，如何让他人积极效力，如何在竞争中高人一筹，如何在社交中取得胜利，这些都需要运用正确的心理策略。

一个成功人士的真正魅力，既不在于他的容貌，也不在于他的穿衣打扮，而在于他能否干出一番轰轰烈烈的事业。一个成大事的人一定是一个懂得心理操纵术的人，他们深谙为人处世的心理操纵术、求人办事的心理操纵术、创业经商的心理操纵术等。

在人与人的交往中，心理素质决定着一个人的品性，也决定了一个人在博弈中的成败。在这个过程中，谁掌握了对方的心理，谁就占据了主动；谁读懂了对方的心思，谁就能出奇制胜。凡成大事的人都是心理操纵高手，他们不仅能够洞悉他人的心理，而且能够运用一定的心理策略和战术，逢迎对方，成功交往。

社会交往的过程就像在沏茶，需要功夫，更需要用心。用心才能沏出好茶，才能建立和谐的人际关系。一个人要想赢得别人的好感，就必须时刻留意对方的兴趣、爱好，明白对方的意图，揣摩对方的心理，这样才能读懂别人的心，使彼此相容相合。看清自己，你是一个强者；看清他人，你是一个智者。一个人越是清楚自己和别人的心理，就越能掌控周围的人和事。掌握对方的意图，就掌握了加以防范的先机；知道对方的策略，就有了与之应对的方法；明白对方的心态，就知道如何采取下一步措施。运用不露痕迹的心理战术，可以隐藏自己，透视他人，驾驭人心；利用实用的心理策略，可以影响他人的心理，预测他人的行为，成为立于不败之地的人。

要想成大事，不可不懂心理操纵术。不论是卖茶鸡蛋的，还是卖楼的；不论是搞生产的，还是做推销的；不论是街头小贩，还是行业领袖；不论是买进，还是卖出——都要懂点心理操纵术，才能把生意做到人的心坎里！

每天学点心理操纵术，可以看透他人的心理，揣度他人的思想，预测他人的行为。懂得心理操纵术，就可以调整自己的心情，从而使自己在忙碌的生活中拥有良好的心态，看清人际交往背后的心理动机，学会洞察他人的心思，给予他人恰当的心理暗示，操纵他人的想法，不露痕迹地迅速化敌为友，在人际交往中建立威信、施与影响，进而最大可能地掌控周围的人，成为社交大赢家。

人生就是一场心智的博弈，每个人的行为都受到心理的支配，胜负的关键就看谁能操纵人心！如果你是失败者，请从现在开始反败为胜；如果你是成功者，请准备迎接更大的辉煌。一旦悟透心机，懂得如何操纵人心，你就可以在变幻莫测的人生旅途中，抢占先机、出奇制胜，趋利避害、尽显从容。

如何打开对方心扉？如何让他人对你印象深刻？如何使他人心悦诚服地赞同自己？如何让双方情感顺着你的旨意发展？如何在不同场合将不同人物把握于掌指之间？如何让难以对付之人为己所用……答案尽在本书中！

本书将复杂的心理博弈简单化，交给你一把打开对方心理的钥匙，让你在阅读后轻松掌控社交的奥秘。本书立意新颖，角度独特，是你走向成功的必读宝典。揭密生活中常见的心理现象，传授诸多心理方面的实用技巧，帮助你洞察人生、解释行为，指导你在人生路上运用心理策略，开启人际交往的成功之门!

当你的事业陷入困境时，当你的人际关系出现危机时，当你的感情遭受打击时，当你的工作生活出现瓶颈时……请打开这本书，它会让你摆脱烦恼，重新找到成功的突破口，走向人生的辉煌!

# 目 录

# 第一篇
# 给人留下美好“第一印象”的心理策略

“第一次”只有唯一的一次，那一次是永远无法改变的，即使后来如何改变，对方还是会永远记得那个“第一次”。所以，“第一印象”非常重要。这就要求每个人学会包装自己，把自己最好的一面展现给他人。

## “第一印象”很重要

在与陌生人交往的过程中，所得到的有关对方的最初印象称为“第一印象”，主要是根据对方的表情、姿态、身体、仪表和服装等形成的印象。“第一印象”在日常生活中是很普遍的，这种初次获得的印象往往是今后交往的依据。

在日常生活和工作中，人们往往对第一次经历的事印象十分深刻，以致终生难忘，如第一次上学、第一次上班、第一次发表稿件、第一次获奖、第一次与恋人见面等。“第一印象”极为重要，它是深入交往甚至决定以后是否继续交往的基础。如果“第一印象”不好，下一次就不一定见面了，只有一锤子买卖。如恋爱中的男方第一次见女方的父母，或女方第一次见男方的父母，如果礼貌周到，举止得体，那就为自己成功的恋爱史重重地抹上了一笔，否则，后面的历史就很难写，甚至鸡飞蛋打，前功尽弃。

这并非让你隐瞒自己，而是要求你以良好的“第一印象”，把注意力从自己身上转移到对方身上。尽量在对方感兴趣的方面表现得积极些，你才会被“一见钟情”。对方没有太多的时间去慢慢认识你，想在有效的时间内让对方迅速做出选择，你就要展现出最精彩的一面。

心理学上的“首因效应”有时又称“第一印象效应”，指的是最初接触到的信息所形成的印象对人们以后的行为活动和评价的影响。心理学研究发现，与一个人初次接触时，在45秒钟内就能产生“第一印象”。“第一印象”能够在对方的头脑中形成并占据主导地位，从而影响到以后的评价。因此，“首因效应”的作用不可小瞧。“第一印象”一旦被定格，想改变也很难。

《三国演义》中，有一段读起来饶有风趣的张松献地图的故事。张松原想把西川地图献给曹操，可曹操见张松“其貌不扬”，不但没给予嘉奖，反而给予侮辱和责难。结果，张松改变了主意，把西川地图献给了刘皇叔。曹操因对张松的“第一印象”不好而犯了一个大错误，让刘备得了大便宜。古代是这样，现代亦是如此。

有这样一个故事：

一个新闻系的毕业生正急于寻找工作。一天，他到某报社对总编说：“你们需要一个编辑吗?”

“不需要!”

“那么，记者呢?”

“不需要!”

“那么，排字工人、校对呢?”

“不，我们现在什么空缺也没有了。”

“那么，你们一定需要这个东西。”说着，他从包中拿出一块精致的小牌子，上面写着“额满，暂不雇用”。总编看了看牌子，微笑着点了点头，说：“如果你愿意，可以到我们广告部工作。”这个大学生通过自己制作的牌子表达了自己的机智和乐观，给总编留下了美好的“第一印象”，引起其极大的兴趣，从而为自己赢得了一份满意的工作。

上述事例启示我们，要特别重视做好“第一次”，注意留下美好的“第一印象”。当然，“第一印象”并非总是正确的，但却总是最鲜明、最牢固的，并且决定着以后双方交往的过程。

那么，怎样才能给对方留下良好的“第一印象”呢?

第一，发挥自己的长处。如果你发挥自己的长处，别人就会喜欢跟你在一起，并容易同你合作。所以，与人交往，要充满自信，并尽可能地发挥自己的长处。

第二，适应不同的场合。最懂得与人交往的人，会因场合不同而改变自己的表现。一成不变不会给人留下美好印象。不管是与人亲密倾谈，还是发表演说，都要在保持自我的同时，因时因地有所变化。但要注意，不要给人造成言行不一的不诚实的感觉。

第三，放松心情。要使别人感到轻松自在，你必须表现得轻松自如。不管遇到什么严重的事情，心理上都要尽量放松。学点幽默，不要总是神色严峻，或永远苦闷的样子。

第四，善于使用眼神、目光。跟人说话时，一定要用眼睛望着对方。一进入坐满人的房间时，应自然地举目四顾，微笑着用目光照顾到所有的人，这会使你显得轻松自如。

总之，办事时给人留下良好的“第一印象”，是你树立良好的办事形象的前提，不要怕突然改变自己的性格，不要摆出虚假的姿态。

人生会有无数个“第一次”，把每个“第一次”做好了，人生就会精彩万分，成功不断。

## 人要靠衣装

西方有句俗语："你就是你所穿的!"服装在无声地帮助你交流、沟通，传递你的信息，告诉人们你的社会地位、个性、职业、收入、教养、品位、发展前途等。"第一印象"往往就是从对方的穿衣打扮开始的。一个人穿戴什么样的服饰，直接关系到别人对你的形象评价。如果想成功的话，就马上改掉不好的打扮习惯!

"人不可貌相"，这一古老的命题再三告诫人们，外表并不代表才情、能力，成大事者不在其貌！然而，到了今天，公关、求职、恋爱、宴会等与工作、生活相关的环节对形象的要求越来越讲究，一个人的气质与"第一印象"将决定事业的成败。有人这样说过："永远都没有第二次机会去改变一个人的'第一印象'。"不管是在工作中还是生活中，我们都会自觉或者不自觉地根据一个人的"第一印象"来判断他的专业程度、性格和能力。只要有条件，还是要把自己打扮得清清爽爽地出门。也许不一定是最靓丽的，但至少得令别人赏心悦目，让自己心旷神怡。

心理学家做过一个试验：分别让一位戴金丝眼镜、手持文件夹的青年学者，一位打扮入时的漂亮女郎，一位挎着菜篮子、脸色疲惫的中年妇女，一位留着怪异头发、穿着邋遢的男青年在公路边搭车。结果显示，漂亮女郎、青年学者的搭车成功率很高，中年妇女稍微困难一些，那个男青年就很难搭到车。这充分说明了外表着装的重要性。

放眼看看身边，有多少人在为自己的"相貌"忙碌。"我想要巩俐的鼻子、林青霞的下巴。""我想要刘德华的鼻子、古天乐的下颌。"医学整容火了！甚至有人认为，以貌取人是本能！如果你穿着学生装在商场里看钻石首饰，营业员很少会过来跟你搭话，因为她知道你多半买不起。虽然家长和老师一直教育我们不要以貌取人，但真正做到这一点却很不容易。

俗话说："爱美之心，人皆有之。"美的事物能够震撼人的心灵，陶冶人的情操，可以激起人的注意力和想象力，引起喜悦、同情和爱慕，使人得到精神上的享受。这说明爱美属于人的一种本能，是人的生理和心理的内在需要。现代人不妨注重一下“衣装”，因为衣装也能传递一种信息。一般追求个人形象的人是比较讲究着装的，因为穿着打扮能为自己增添不少魅力。还有更深层次的原因，就是一个人的衣着体现出他的为人、他的内心，甚至他的地位等。总之，通过观察一个人的衣着，就可以大致了解他的为人了。

乔恩·莫利先生是美国著名的形象设计大师，他曾做过一个着装实验，目的是要搞清楚：按照社会上层人士的习惯着装，或按照社会下层人士的习惯着装，人们将如何看待他们的成功率，将如何与他们相处共事。

着装实验分两部分进行。

首先，他调查了 1632 个人，给他们看同一个人的两张照片。但他故意宣称，这不是同一个人，而是一对孪生兄弟。其中一个穿着社会上层人士常穿的卡其色风衣，另一个穿着社会下层人士常穿的黑色风衣。他问调查对象，他们之中谁是成功者？结果，87% 的人认为穿卡其色风衣的人是成功者，13% 的人认为穿黑色风衣的人是成功者。

其次，他挑选了 100 个 25 岁左右的年轻大学毕业生，他们都出生于美国中部中层家庭。他让其中的 50 人比照上层人士的标准着装，让另外 50 人比照下层人士的标准着装。然后，把他们分别送到 100 个公司的办公室，声称是新上任的公司经理助理，进而检验秘书们对他们的合作态度。他让这些新上任的助理给秘书下达同样的指令：“小姐，请把这些文件给我找出来，送到我的办公室。”说完后扭头就走，不给秘书对话的机会。结果发现，按照下层人士标准着装的只有 12 个人得到文件，而按照上层人士标准着装的却有 42 个人得到文件。显然，秘书们更听从那些比照上层人士标准着装的人的指令，并较好地与他们配合。

乔恩·莫利先生从着装实验中得出这样的结论：大多数人都是本能地以外表来判断、衡量一个人的身份和地位，进而决定自己对一个人的态度。在社会交往中，一个人如何着装，将影响别人对自己的态度、可信度和配合程度。

人对人的认识是通过外在的东西来进行的，衣服就是最直观的，会造成感觉上的认识误差。一位时尚女孩穿上空姐服，人们肯定说她是空姐；穿上西装短裙，人们又肯定认为她是白领丽人。随着衣服的变化，人们对一个人的认识也在改变。从某种程度上来讲，衣服决定人的身份。

着装也许并不能代表一个人能力的高低，却是一个树立形象的特殊渠道。衣着折射出的精气神往往代表一种积极向上的态度，而从某种程度上讲，态度决定一切。

着装对我们很重要，它有时候决定了我们心情的好坏，甚至决定了我们事业的得失。着装还反映了我们每个人不同的品位。得体的着装，可以让我们更自信，让生活更惬意。

## 你的形象价值千万

不管是公共场所，还是私人聚会，只要你与人进行交往，你的衣着打扮、言谈举止等外在形象就会出现在他人的眼里，并留下深刻印象。可以说，一个人外在形象的好坏，直接关系到他做事的成功与失败。在现实生活中，也有很多这样的事例。假如有两件大小一样的礼物让你选择，一件包装别致、精美、有品位，一件随意地用个破旧袋子或盒子裹着，你的手会伸向哪一个呢？你当然会毫不犹豫地伸向前一个。

俗话说："人靠衣装马靠鞍。"商业心理学研究结果告诉我们，人与人之间的沟通所产生的影响力和信任度来自语言、语调、形象三个方面。它们的重要性所占比例是：语言占7%；语调占38%；视觉（即形象）占55%。由此可见，形象的确非常关键。而服装作为形象塑造中的第一外表，往往成为众人关注的焦点。在当今激烈竞争的社会中，一个人的形象远比人们想象的重要，你的形象就是你的未来。

一个人的形象应该为自己增辉。当你的形象成为有效的沟通工具时，塑造和维护个人形象就成了一种投资。长期持续下去，就会带来丰厚的回报，让美的价值积累，让个人价值增值。没有什么比一个人许多内在的东西都没有机会展示，还没领到通行证，就被拒之门外的损失更大了。

媒体策划专家有一句名言："要给人好印象，你只需要7秒钟。"通过大量的分析，研究者得以成功描绘出影响"第一印象"形成的因素：

第一，"第一印象"的形成有一半以上与外表有关。不仅是一张漂亮的脸蛋就够了，还包括体态、气质、神情和衣着的细微差异。

第二，"第一印象"有大约40%的内容与声音有关。音调、语气、语速、节奏都将影响"第一印象"的形成。

第三，"第一印象"中只有少于10%的内容与言语举止有关。

实验显示，见到一个陌生人时，你头发的样式比面部特征更能吸引对方的注意。长发暗示着健康和性感，短发看起来自信而成功，自然、中长、没有特定款式的发型则让人感觉智慧和真实。此外，握手也能传递重要信息。研究发现，那些握手时目光和你直接接触、坚定有力、自然摆动而不是无力、试探性的人，不仅能让你对他感觉良好，还将取得你的信任。

恰当的自我介绍、得体的谈吐和适当的身体语言都是创造神奇“第一印象”的法宝。

首先，要有明确的社交意识，微笑着看着对方的眼睛，尽量表现出你很高兴见到对方。当你就座时，如有人向你介绍其他人，你要站起来和他们打招呼。与人握手要有力，但不要抓住不放。当你们互相走近时，要及时主动地介绍自己。记住他人的姓名，并在交流中反复称呼。把注意力集中在谈话对象身上。注重基本礼节，不要轻易打断别人的谈话。尽量避免消极消息，多说应景的话，才是锦上添花之举。根据对方的性格选择谈话方式，礼节性的寒暄超过5分钟就会令人厌倦。

一个人的形象非常重要，而一个良好的职业形象更为重要，能让你在前进的道路上越走越好。

## 好形象离不开好的修养

个人修养即个人的品质、道德和气质等，良好的修养可以加强个人的魅力。在人际交往中，一个有修养的人会得到他人的好评，也会被他人尊重，并且会给别人留下好的印象，从而也就会获得较多的成功机会。

在人际交往中，要想成为一个有修养的人，就要从以下几个方面来修炼自己：

第一，真诚。

要想在人际交往中如鱼得水，就必须真诚地对待每一个交往对象。只有以诚待人，才能得到友谊和真情，才能得到别人的信任和尊敬。人际交往如果离开真诚的原则，相互欺骗，尔虞我诈，那么，人世间便不会有真情之谊，更不会有团结紧密的人际关系了。

年轻时，小池田子是一位受人欢迎的推销员。有一个时期，他推销机器非常顺利，半个月内就跟33位顾客做成生意。之后，他发现自己卖的机器比别的公司生产的同样性能的机器昂贵。他想，同他订约的客户如果知道了，一定会对他的信用产生怀疑。于是，深感不安的小池立即带着合同和订金，整整花了三天的时间，逐门逐户去找客户，老老实实地向客户说明，他所卖的机器比别家的机器昂贵，为此请他们放弃合同。结果却恰恰相反，这些顾客并没有和他解除合同，而是被他的真诚所感动，更加深了对他的依赖和敬佩。后来，越来越多的人被他的诚信所吸引，纷纷前来他的店购买东西或向他订购机器。没多久，小池就成了一个众所周知的诚信商人。

小池田子的事迹说明了真诚的魅力，它像磁石一般具有强大的吸引力。真诚可以消除人与人之间的隔阂与矛盾，促进人际关系的和谐与稳定。说话、做事真诚的人，在人际交往中容易令人信服。真诚的人由内而外散发着光彩夺目的、招人喜欢的形象美。而虚伪、自欺欺人的人，靠戴面具过日子的人，只会给人留下虚伪可憎的形象。

第二，宽容。

宽容是一种高贵的品质，是一种仁爱的光芒。宽容是一种智慧，它使人更加从容、自信；宽容是一种境界，它能使人的心灵得以升华。树起宽容形象的人，人们不会忘记他。

第三，热情。

在人际交往中，对人“热”，能形成感情的交融和吸引；对人“冷”，则会令人心寒，望而却步。

在人际交往中，当你对人奉献一丝真诚的善意、热情的微笑时，那是对他尊敬、喜欢的最直观的表示。它可以使对方感到快慰，进而让对方做出积极的评价。有些人对人缺乏热情，不论在什么场合，总是绷着脸，没有一丝笑意，给人一种冷冰冰的感觉，这种形象自然会让人望而却步。

绝大多数人缘好的人都具有如火似的热心肠，他们与人相处时谦和有礼、态度热情、和颜悦色，这当然会给别人留下和蔼可亲、平易近人的良好印象。

第四，尊重。

每个人都有自尊心，每个人都希望受到别人的尊重。在受到别人的尊重时，人们也会对尊重自己的人产生一种天然的亲切感与认同感。因此，在日常生活中，不管对方的地位如何、才能怎样，只要与之打交道，就应给予人格的尊重，做到礼遇要适当、寒暄要热烈、赞美要得体、话题要投机。让人感到他在你心目中是受欢迎的、是有地位的，从而让其得到心理满足。

历史上流传着这样一则故事：一位将军率兵出行时，在道上遇到三个小孩正用泥土垒城墙玩。将军手下的人认为他们阻挡了部队的行进，要踏烂“城墙”通过。三个小孩据理力争，说道：“哪有城墙给军队让道的道理，应该是军队绕过城墙。”这位将军听到后笑了，轻轻拍了三个小孩的脑袋，随后便命令军队不许破坏他们的“城墙”，一律绕过去。后来，这位将军在民众中留下了良好的亲民口碑，受到万民拥戴。他就是成吉思汗。

在人际交往中，当一个人春风得意时，就易于骄矜、盛气凌人，这种形象的出现让人敬而远之。

第五，谦逊。

谦逊的人恪守的是一种平衡关系，使周围的人对自己在认同上达到一种心理上的平衡，让别人不感到卑下和失落。非但如此，有时还能让别人感到高贵、感到自信，让别人产生任何人都希望获得的所谓优越感。因此，谦逊的人不会受到别人的排斥，同时也极易得到社会和群体的吸纳和喜欢。

托马斯·杰斐逊（1743—1826）是美国第三任总统。1785 年，他曾担任驻法大使。一天，他去法国外长的公寓拜访。“您代替了富兰克林先生？”外长问。“是接替他，没有人能够代替得了他。”杰斐逊回答说。他谦逊的态度给对方留下了深刻印象。

孔子曰：“君子敬而无失，与人恭而有礼，四海之内皆兄弟也。”因此，在人际交往中，对待长辈要恭敬，对待同辈要谦恭，对待晚辈要爱护。相反，妄自尊大、骄傲自满、不知谦恭为何物的人，势必会失去生活中的一些美好的情感。

谦逊并非自我否定，谦逊的目的并不是使我们觉得自己渺小，而是更加深刻地认识自己并得到别人的敬重。

第六，守信。

守信乃做人之本，这是许多成功人士恪守的人生准则。孔子曰：“民无信不立。”孟子曰：“言而有信，人无信而不交。”这两位圣人的话里所说的“信”即为诚信，就是提倡人要说真话，道实情，守信用，说话算话，一诺千金，言出必行。

西汉初年，在楚地有一个叫季布的人。他为人正直，乐于助人，特别讲信义。只要是他答应过的事，无论有多难，他一定想方设法办到。所以，他在当时名声很好。楚地有句俗语，叫作“得黄金百斤，不如得季布一诺”。

在传统社会里，在我们的伦理道德观念中，“信用”的核心是强调对事业的忠诚、对朋友的信义、对爱人的忠贞及做事诚实等。在市场经济条件下，“信用”不只是简单的道德人品问题，它是一个人内在气质的综合反映，是衡量一个人综合素质的重要指标，是一个人发展必备的内在形象。它告诫人们，为哗众取宠而轻诺别人，结果却使自己不能如约履行，是很容易失去信用的，给你的形象大打折扣。

怎样才能成为有教养的人呢？首要的就是加强自我修养。要加强自我修养，就要敢于正视自己的缺点和错误，要从严要求自己。只有将自己的性情和行为纳入礼仪和法度中，并经常强调自我检查和约束，才能防止违礼背俗或违法乱纪的事情发生。

自我修养是一种良好的品质，它需要从小事做起，从小节开始。一个重视细节的人是一个有品位的人，一个重视小节的人定能树立自己的形象。

形象虽然比内涵更直接，但以内涵为后盾的形象更持久。

## 小毛病，大形象

在工作和生活中，我们可能都做过影响自己形象的事。有的我们已经意识到了，有的我们毫无觉察；有的或许不可避免，有的则完全能让它远离我们。你首先要知道，以下10种举止有损你的形象：

第一，乱用手机。

随着人们消费水平的提高，手机的使用率在中国城市已经相当普及了。但在使用手机时，很多人显得非常没风度。有一些年轻人在面试的时候，就经常出现这样的事情。公司的主管在为他认真讲解公司情况，他的手机吱吱响了，让人感觉十分不悦。虽然他会马上说声“对不起”，但他还是给自己的形象打了个折扣。这会让人认为是不尊重他人的行为，不重视这份工作，公司往往对他的素质、道德也会产生怀疑。也有一些人，即使在一些会议上也不关机。主讲人在向大家传递信息时，就会被手机声音影响，破坏了整个会议的气氛。这是一种非常没礼貌的行为，一种非常有失形象的行为。

注意：

当参加演讲或重要会议时，最好把手机关掉。如果真的有很重要的事情，就把手机调到振动，静悄悄地离开到场外接听，并要注意说话的声音，不要影响他人。在公共场合，要注意讲话的音量，别跟机关枪一样。

第二，吸烟。

吸烟有害健康，也污染环境。在我们生活中，有许多人不分场合就随便吸烟，特别在公共场所更是屡见不鲜。烟雾缭绕，让人喘不过气来。这样害得别人抽你的“二手烟”，就显得很不文明。

注意：

吸烟导致咳嗽，使牙齿变脏，口腔气味难闻，产生疾病，是导致癌症、肺病、咽喉病的最重要的原因。如果真的不能戒的话，就尽量少抽。公共场合是一定不能抽的，如公园中、车上、电梯里。如果跟朋友在一起或在朋友家里，抽烟之前一定要征求朋友的同意，而且要注意保持卫生，不得乱扔烟蒂。

第三，随地吐痰。

吐痰最容易传播细菌，随地吐痰是低素质的体现，也会损害他人的身体健康。

注意：

为了自己和他人的健康，如果要吐痰，应将痰吐在纸巾里，丢进垃圾箱。最好是到洗手间里去吐痰，但不要忘了清理痰迹和洗手。

第四，乱扔垃圾。

经常有人因香蕉皮而摔跤，年轻人摔一次没什么问题，但老爷爷、老奶奶摔倒了可怎么办？乱扔垃圾影响环境，腐烂了还会产生很多细菌。相信每个人都不会喜欢满地垃圾，那就请别乱扔啦！

注意：

做个文明人。在你随意丢垃圾的时候，也丢掉了你的形象。任何一家公司都不会喜欢垃圾虫，任何一个人也不喜欢跟垃圾虫交朋友。

第五，当众嚼口香糖。

嚼口香糖，可以清新口气。但有些人嚼口香糖时，会发出很大的声音。有时跟别人谈话，他也嚼，这其实是对人的极度不尊敬。

注意：

嚼口香糖时，要闭上嘴，不要发出声音。与人交谈时，要先吐掉，嚼过的口香糖，要用纸包起来，扔到垃圾箱里。否则，你会发现，有一天你的鞋底粘上了好多你嚼过的口香糖。

第六，当众挖鼻孔、掏耳朵。

有好多人都很喜欢挖鼻孔，这种行为让人看起来，非常不雅。还有人甚至在吃饭的时候也挖，害得人本来可以吃两碗，这下就只能吃半碗了。还有掏耳朵也是一样，与人谈话时一定不要掏耳朵，否则就等于告诉别人：“你快别说了，你说的话都让我听不进去了。”

注意：

像上述那些不好的小习惯，就留着自己回家慢慢享受吧！

第七，当众搔头皮。

很多人都有挠头的习惯，平时不爱干净，头痒要挠，不管是在哪里，公共场合也好，别人家里也好，就挠起头皮来，顿时“烟花，烟花，满天飞”，令别人感到不快，自己的形象也受到很大影响。因此，建议朋友们一定要勤洗头，头皮屑落在衣服上，的确很不雅观。

还有些朋友，在想问题时喜欢挠头。当面试时，面试官问了个较难的问题，你就开始挠头，这实际上是一种不成熟的表现。

注意：

不要有挠头的习惯，只有猴子才喜欢抓耳挠腮。

第八，在公共场合抖腿。

青年朋友都比较好动，所以坐下的时候，喜欢双腿颤动不停，或跷个“二郎腿”，腿跟钟摆似的摇来摇去，而且自我感觉良好。这其实一点都不好，给人的感觉是吊儿郎当、自傲等坏印象，会影响自身形象，更会影响自身发展。

注意：

坐有坐相，站有站相，这样的人，才是受人欢迎的人。

第九，当众打哈欠。

打哈欠，说明没休息好，意味着自律性差，时间管理能力差（加班另当别论），消极萎靡，精神不佳。在交际场合打哈欠，会产生不好的影响。别人会以为，你对他不感兴趣，很不耐烦，误以为你不尊重他。于是，他可能也不尊敬你了。

注意：

面试或有重要商务洽谈时，要注意休息，避免与人交流时打哈欠。如果不小心打了哈欠，一定要说“对不起”，或说明原因。

第十，当众频频看表。

有时间观念是好事，但更要懂得合理分配时间。如果没有要事在身，一定不要频频看表。否则，就等于在告诉别人，我懒得理你，懒得听你啰唆。若真的有要事在身，不妨直说，委婉地告诉对方原因，并表示歉意。

勿以恶小而为之。请你时时告诉自己，魅力无处不在；时时提醒自己，有些小行为恰恰有损个人形象。

# 第二篇
# 迅速洞察他人内心的心理策略

在现代社会的激烈竞争下，人与人之间的交流，打的就是一场心理战。谁能更准确地揣摩出对方的心理，更快速地做出反应，谁就能在这场没有硝烟的战争中取得最后的胜利。

## 通过体形看性格

所谓体形，是指人的身材体态和高矮胖瘦，它是人最明显的外部生理特征之一。体形与人的性格、心理相关的观点，在日常生活中是很流行的。如在中国的“相面术”中，就常常把人的性格、心理同人的外部相貌、体形特征联系起来。一项关于性格与体重之间关系的研究结果显示，性格外向的人易发胖，内向的人易消瘦。

从体形可以看出一个人的心理特质：

第一，肥胖型。这类人的性格特征是活泼开朗，喜好社交，行动积极，善良而单纯，经常保持幽默或充满活力，也有稳重、祥和、温文的一面，经常突然地改变为喧哗或文静态度，属躁郁质类型。他们当中，有许多人是成功的政治家、实业家。他们的理解力和同时处理许多事物的能力强，但考虑欠缺一贯性，经常失言。过于轻率，自我评价过高，喜欢干涉他人言行，好管闲事。

第二，强健型。这类人的特征是黏液质类型人的特征，第一特征是肌肉发达，筋骨强健，体态匀称，肩幅宽阔，头部肥胖。他们言行循规蹈矩，一丝不苟，诚实正直，不少人是举重、摔跤选手或公司领导。他们抽屉内井然有序，写字字体经常是一笔一画的正楷。这类人常以秩序为重，讲求规律，每天生活充实，一旦着手某种工作，必坚持到最后完成。但是，他们说话绕大圈子，唠叨不停，写文章过于冗长，潇潇洒洒一大篇。这类人是足以信赖但又欠缺趣味性的坚硬型人物，既有顽固执着的一面，也有拘泥形式思考的习惯。如果你想控制这种类型的人，不妨偶尔利用闲谈或请客来试试他们。

第三，略瘦削的健壮型。这类人争强好胜，无论什么事都愿接受挑战。常用“我认为”之类的口气说话。他们拥有坚定的信念，充满自信心，坚持不懈，百折不回，判断及裁决迅速果断，坚信“天生我材必有用”，工作中是值得信赖的好伙伴，商业交往中是好顾客。但是，这种强烈个性有时会朝着坏的方向发展，表现为硬干到底、专制、高压、不信任他人、态度粗暴。在工作岗位上，如果有人无法默默地顺从他的意志，他就会立即与该人断绝往来。假如有人不幸和此类人结下怨仇，则由于这类人欠缺思考的柔韧性，一旦在脑海中存在某种思想，要想改变他的想法就很困难。这类人缺乏人格魅力。即使他才能出众或拥有权力，即使有人顺从迎合他，但都会与他保持一定距离。在家庭中，他也容易被孤立。在与这种人接触和交往时，不可以与他对立，因为这类人极具攻击性。这类人被认为属于偏执质类型。

第四，苗条而有心事型。苗条是针对瘦弱型人的一个常用词，瘦弱型中许多人都隐藏心事，给人无法接近、无从交往的感觉。瘦弱女性大多个性刚强，生起气来男人都招架不住。这类人的最大特点是冷静沉着，但性格相当复杂，存在互相矛盾的地方，属于分裂质类型。对幻想中的事物兴趣大，不让人了解自己的内心或私生活，以冷漠面纱包裹自己。这类人不愿与平常人交友，表现出一种令他人意欲与他接近的贵族气质，身上常散发着一股浪漫情调。这类人专心致志于鸡毛蒜皮的无聊小事，倔强而不肯通融，骄傲而外表冷漠。当无法下决心时，凭冲动裁决事物。天生对文学、美术、手工艺感兴趣，对流行服饰感觉敏锐。对他人的一些小事非常热心，表现出优雅的社交风度。这类人内心细致，生活严谨慎重，又有点迟钝，意志薄弱，是很难交往的人。

第五，瘦弱细线条型。这类人具有强烈的敏感性，对周围的变化非常敏锐，会过于留意周围人的动静。这类人中绝无脑筋差的人，知识分子较多。这类人无论什么都自我承担一切责任，犯错时常会说："都是我不好……"这类人心理不稳定，容易失衡，心情焦虑，本人却能经常发现自己的缺点。这类人具有文静真诚而又顺从的神经质性格，给他人的印象是没有自主性、迟钝、性情易变、不易交往。对于受这类朋友或上司之托的事，一定要认真办理，遵守约定，注意礼节。

第六，像孩子似的半成熟型。这类人怎么也看不出年纪大小，脸长得像个娃娃，即未成熟型的人。这类人以自我为中心，个性很强，又称为显示型性格。如果话题不是以他为中心，他就会不愉快，完全不听他人的话，属任性类型。这类人对每一门类都不精通，但拥有广泛知识，谈吐风趣，擅长搞笑。这类人属于天真而无心机的人，自己并不知道自己没有成人个性和思想。如果被奉承，这类人就感觉很好；如果被冷遇，这类人就会嫉妒。如果这类人是女性，你只能担任她的听众。在商场上，要注意这类人。这类人轻薄任性，没有主见，受他人意见左右。如果你对这类人过于信赖而受损失，就追悔莫及了。

以上几种关于体形窥探内心的途径，虽有一定的真实性，但也不是一试就灵的法宝。学会正确地使用它，在观察人物时才不至于陷入误区，害人而误已。

体形是一个人的轮廓，也是一个人的门户和纲领。究其纲领，便可以识其内心。

## 脸形是最直接的名片

人人都有一张脸，可是，每个人的脸都不一样。人的脸之所以五花八门，不光是因为眼睛、鼻子、嘴巴等五官的大小、形状和位置不一样，还因为脸的形状，也就是脸形彼此不同。有的人，你看一眼就可以判断出是哪种脸形；有的人的脸则包含了两三种脸形的特点，使人一下子难以分辨。林肯有一句名言："人到了四十岁，就必须对自己的脸负责。"因为在每个人的脸上，都深深地印刻着其人的性格和人生。

第一，圆脸。这类人肌肉厚实而浑圆，性格温和，体形也多半圆圆胖胖。待人温和，与任何人都能融洽相处，亲和力强，但也有任性和个人主义的一面，金钱方面有些不太牢靠。有协调性，天生难以抗拒他人请求，不过有时候说出的话却也做不到。与之交往的要诀就是成为他的好听众，这样会使他非常开心。

第二，鸭蛋脸。特征是瘦长，下颌带着圆弧感，额头清晰而宽广圆润，这种脸形的女性多半是美女。顺应性强，若是女性，即使自己有工作，也能兼顾家庭，而且富有理性，在混乱的事态之中也绝不慌乱，能做出正确判断。情绪起伏比较少，能赢得旁人信赖。但是，神经过于细腻，可能由于小事而变得消沉。这类人公私分明，与之交往不能有贸然的行为。就算感情好，也不能过分纠缠，或者擅自行动，不顾对方感受。否则，只能引来反感。这类人自尊心强，有些缺乏耐力。

第三，四角形脸。脸形方正，下面呈四角形，脸颊骨发达，口大而嘴唇薄，这种脸形多半出现在运动员身上。遇事积极，意志坚强，遇到困难也不气馁。正义感强烈，不喜欢迁就，缺乏通融性，对于决定的事情会坚持到底，容易与人发生冲突。讲义气，有人求他办事，往往能鼎力相助。

第四，细长形脸。这类人脸形长，下巴呈四角形，口鼻显得比较小。对细微的琐事能考虑得很周到，具有从事研究的热忱，擅长交际，适合必须具有特殊技术或才能的职业。乍看之下，通情达理。但其实很难表达自己的心意，这多少会在与人交流时造成麻烦。细长脸形的男人多半对于性爱的追求超过一般人，也许是天生的花花公子；细长脸形的女人在性方面比较生涩，但在内心可能追求特殊的性关系。

第五，倒三角形脸。额头宽，脸形往下巴方向变窄，形成倒三角形的脸。整体来说，脸部很小，身体多半也细瘦娇小。这类人多半一丝不苟，具有洁癖。如果不能遂自己的心意，会感觉很焦躁。同时，也具有优柔寡断的一面，但会专注于某一件特定的事而表现出令人惊讶的机智。很可能从事自然科学等技术方面的职业，不过，如果过于自信，妄自行动的话，很可能导致失败。虽然缺乏行动力，却具有细腻而浪漫的一面，多数都带有难以接近的气质，因而使人感觉难以相处。要接近这种人，必须以浪漫而富有幻想色彩的话题作为交际的润滑剂。这类人不论男女对性都比较淡漠，不积极。

第六，混合形脸。这种脸形的特征是脸孔整体有棱有角或变形，额头小颧骨宽大。顽固而不服输，神经质，爱虚荣，看起来似乎没有任何优点。但在各方面都表现积极，使人难以判断其本业到底是什么，做所有的事情都能展现出非凡的能力。适合当政治家或影视明星，或者是秘书。这类人遇到志趣相投的人会与之融洽相处，但只要有一点不满意便会全盘否定对方。这一类型的男性很可能具有病态的性爱倾向，而女性则会认为性是不洁的东西而心生憎恶。

人脸能够传递大量信息，人脸的形状确实能在某种程度上反映一个人的性格。识人先识脸，识脸先识形。

## 走路姿势透露性格密码

美国心理学家达曼经过多年的观察发现，人的走路姿势大致可分为6种类型，每一种类型的人都具有特定的性格特点。

第一，步履平稳型。这些人是现实主义者，精明而稳健，不轻信人言，重信义，守诺言，是可依赖的人。

第二，步履急促型。不论有无急事，这类人总是来去匆匆，明快而有节奏。他们的性格特点是遇事不推卸责任，精力充沛，喜欢迎接各种挑战。

第三，上身微倾型。这些人大多个性平和内向，谦虚含蓄，他们与人相处时，表面沉默寡言，但极重情谊。

第四，昂首阔步型。这种人往往以自我为中心，对人有点淡漠，但思路敏捷，做事有条不紊，富有组织能力。

第五，款款摇曳型。此类多为女性，坦诚热情，心地善良，在社交场合永远是中心人物，极受欢迎。

第六，步履整齐、双手规则摆动型。这种人性格刚毅，意志坚强，具有较强的组织能力，但偏于独断专行。

人的心情、个性稍有不同时，走起路来也就各有不同的风采。所以，想要清楚了解一个人时，可先从他的肢体语言看。而最容易观察的，就是走路的姿势。

船员们走路时，为适应颠簸的船上生活，脚会呈外八字形；山区的人们即使进城走在平坦的街道上，仍会将脚抬得很高；而练过武功的人，走路带风；至于舞蹈演员，走起来总是身轻如燕。

双足向内或向外勾之八字形状的人，走起路时用力而急躁，但上半身不会左右摇摆。这种人的性格有守旧和虚伪的倾向，不喜交际，却有着聪明的头脑，做起事来总是不动声色。

步伐随时变更之摇荡型，没有什么固定的规律。有时双手插在裤袋里，双肩紧缩。有时又双手伸开，挺起胸膛。这种人性格达观、大方、不拘小节，慷慨讲义气，具有建立一番事业的雄心壮志。但有时稍嫌夸大，喜欢争执，不肯让人。

双足落地有声、挺胸、举步快捷之踏地型，这种人胸怀大志，富于进取心，理智与感情并重。

双足双手放平，走起路来异常斯文之直线型，这种人性格胆小、保守，缺乏远大理想，但遇事沉静、不易发怒。

一般说来，走路时挺胸凸肚、高视阔步，或双手反背者，说明他内心有着较强的优越感和傲慢感。走路快而双臂摆动自然的人，往往有坚定的目标、积极的追求。习惯将双手插在口袋中，即使天气暖和也不例外的人，往往有自以为是的毛病，喜欢对他人或事物评头论足。一个心情沮丧的人，走路时常下意识地将两手插在口袋里，拖着脚步，很少抬头注意自己往何处走。如果一个人心事重重，走路时的步伐会变得缓慢，而且可能停下来漫不经心地去踢地上的碎砖杂物。

人的肢体表现，往往泄露了许多的秘密。从每个人走路的姿态，可以看出他们的职业特点和性格特征。

## 通过眼神了解人

爱默生说："人的眼睛和舌头所说的话一样多，不需要字典，却能从眼睛的语言中了解整个世界。"所以，通过观察一个人丰富的眼睛语言，在某种程度上也可以对他有一个大致的了解和认识。

人们在日常生活和工作中，如果不注意别人的眼睛，就无法了解对方内心世界的微妙变化。在一般情况下，人们很难彻底隐瞒心事。即使有人摆出一副毫无表情的脸孔，但刻意的做作并不能长久维持。老年人常说："听别人讲话或对别人讲话，要注意对方的眼睛。"这里所说的"注意眼睛"不是凝视，而是观察对方视线的活动。透过视线的活动了解和认识他人，实在是人与人之间圆满交往和心灵沟通的要诀。

当一个人对另一个人产生了好感，在他还没有用语言表达的时候，多会用一种带有愉悦、欣慰、欣赏等感情交织在一起的眼神不住地打量对方。

当一个人看另一个人，眼光从上到下或从下到上不停地打量对方时，他表现出的是对对方轻蔑的审视。同时，这也说明这个人有自我优越感，有些清高自傲，喜欢支配差遣人。

当一个人表示对另一个人的拒绝时，他会用一种不情愿甚至愤怒的眼神，轻蔑地进行嘲讽。

在谈话中，一方的眼神由灰暗或比较平常的状态突然变得明亮起来，表示所谈话题切合他的心意，引起他极大的兴趣。这是使谈话顺利进行的最好条件和时机。

在谈话的时候，对方眼光如果不断地转移到别处，这说明他对所谈的话题并不感兴趣。意识到这种情况后，你就应该想办法改善这种局面。

在两个人的谈话中，一个人在说话时，既不抬头，也不看另外一个人，只顾说自己的。如果没有其他原因，如果不是表示说话人不够自信，则在很大程度上表示对另一个人的轻视。

当一个人用两只眼睛长时间地盯着另一个人时，绝大多数情况都是期待对方给予自己一个想要的答复。

当一个人用非常友好而且坦诚的眼神看另一个人，甚至还会眨眨眼睛时，说明他对这个人的印象比较好，他很喜欢这个人。即使对方犯了一些小错误，他也可以给予宽容和谅解。

当一个人用锐利的目光、冷峻的表情审视一个人的时候，就有一种警告的意思。

眼睛是心灵的窗户。要了解一个人，首先就要观察他的眼睛，因为眼睛是最不会说谎的器官。

## 透过细节看人心

思想指导人的行动。一个人心里想什么，必然体现在他的行动上。只要我们在日常生活中注意观察细节，就能够看破他人的内心。

细节往往决定一个人的处事态度、道德修养。例如，他对工作的态度是否认真，包括对废弃物的处理；对同事是否真诚，包括与周围同事的关系是否融洽；生活中他是否时时想着自己，包括上车是否给别人让座、他与邻居或家人的关系是否和谐等。你可以从这些日常小事中了解他的品行，从而逐步地看清他。

俗话说："细微之处见端倪。"很多事情都可以从生活细节中看出究竟，找出一个所以然。生活细节往往在一定程度上反映出一个人的心。

1642 年，也就是明崇祯十五年，清崇德七年，四月的时候，明清之间爆发了决定辽东大局的松山会战。最后，清军获得胜利，明军主帅洪承畴战败被俘。皇太极极力劝其投降，但洪承畴誓死不降，骂不绝口，一心只求速死。皇太极无可奈何，只得烦劳范文程前去劝降。

范文程是清朝的开国元勋，著名的谋略家，宋朝名臣范仲淹的后代。他原来是明朝的落地秀才，满腹经纶，有智谋，有远见。努尔哈赤兴起后，范文程在抚顺谒见他，他的才华得到努尔哈赤的欣赏，因此得到重用。

范文程去看望洪承畴，起先并没有提及劝降之事，只是说古道今地随便闲谈，从中察言观色。谈话中，梁上积尘落在洪承畴衣襟上，洪承畴这个一心只求速死之人却多次轻轻将落尘拂去。就是这个不经意的动作，却逃不过范文程明察秋毫的目光。他也由此做出判定：洪承畴一定可以劝降。于是，他回去后，很有把握地对皇太极说："依我看，洪承畴是不会死的。他连自己的衣服都那么爱惜，更何况是自己的性命呢！"

皇太极闻听此言，很是高兴：只要洪承畴一松动，那对我统一中原是十分有利的。事情果然在范文程的意料之中，一向自视为明朝最后一位忠臣的洪承畴，经过孝庄皇后的美人计和耐心、巧妙的劝降后，最终还是俯首就范了。

范文程抓住洪承畴拂落衣服上的尘土这一细节，推测其心理活动，达到了神奇绝妙的地步。

其实，从生活细节上观察人、识别人、看人心带有很大的经验性，是有一定规律可以遵循的。所以，一些有心人在实践中总结出用生活细节去识别人心的四条规律。

一是从小动作、小习惯上看人心。一个人的性格特点及一个人的本性往往会通过自身的细小习惯、小动作等流露出来。例如，总喜欢掰手指的人，一般工于心计，总在动脑筋；坐下就跷起二郎腿的人，一般都自命不凡，高人一等；走路总是驼背低头的人，一般都心事较重。

二是从言谈举止上看人心。那些直率热情、活泼好动、反应迅速、喜欢交往的人，往往是性格开朗的人；那些快言快语、举止简捷、眼神锋利、情绪冲动的人，往往是性格急躁的人；那些懂礼貌、讲信义、实事求是、心平气和的人，往往是谦虚谨慎的人；那些表情细腻、眼神稳定、注意举止的人，往往是性格稳重的人。

三是从言辞上看人心。说话时总是喜欢加上“我想”“我认为”“依我看”“我感到”等字眼的人，一般都是自以为是，刚愎自用的人；说话时总喜欢加上“好不好”“行不行”“可以吗”等字眼的人，一般都是自信心不强，拿不了大主意的人；说话时总是含含糊糊、模棱两可的人，一般都是老奸巨滑、老于世故的人。

四是从表情上看人心。经常喜欢皱眉的人，一般都是心思较重、心事较多、想这想那的人；经常喜欢用眼角看人的人，一般都是心胸狭隘、心怀叵测，内心深处充满恐惧感的人；经常喜欢用手挠头的人，一般都是心绪不宁、心情烦躁的人。

总之，只要我们平时注意锻炼自己观察细节的能力，就一定能发现每一个人在生活中的特征，从而进一步掌握其内心世界的秘密。

要想看清一个人实际上是一件非常困难的事情，想短时间看清一个人更是不容易，这需要你认真地观察、仔细地品味。

## 闻其声，辨其人，知其心

《文王官人篇》认为，天地最初的元气产生万物，万物产生后自然有各种声音。而声音有的刚烈、有的柔和，有的混浊、有的清脆，有的美好、有的丑恶，而刚柔、清浊、美恶都产生于声音本身。心性华丽夸诞的人，发出的声音就流宕发散；心性柔顺贞信的人，发出的声音就柔顺而有节制；心性卑鄙乖戾的人，发出的声音就嘶哑而丑恶；心性宽缓柔顺的人，发出的声音温和而又美好。贞信之气中正简易，仁义之气舒缓和悦，智能之气简练悉备，勇武之气雄壮直率。因此，要聆听其发出的声音，据此分辨其修养和性格。

石勒是古代羯族的民族英雄。在十四岁的时候，他就跟随同乡经商到洛阳，曾经倚着东门长啸。王衍恰好从此处经过，从他的啸声中感到这个孩子非同一般，便对手下说："刚才那个胡雏，我听到他的啸声，观其相貌，是个心怀异志的人，将来恐怕会成为天下的祸患。"他当即派人去追，可石勒已无影无踪。

声音会随着内心的变化而变化。所以，当一个人内心平和时，他的声音也会表现得非常平和；当一个人内心比较顺畅时，声音就会清凉畅达；当一个人内心渐趋兴奋时，他的声音会较为激动。

在说话中，语气不该中断而中断，讲话不连贯的人，是短命之相，同时也有潜在的疾病存在。由舌尖发声的人，难以成为富豪。在与人对话时，口几乎不张开，而且发音不明的人，一生中会受到很多障碍，职业也多发生变动。男人在发音时像猫叫一样，口与腹部的振动不一致，此种人的言行不一。向人说话时，看似缺乏爱敬之意，同时很唐突的人，不论男女，假如不是很粗野，便是很害羞，否则就是非常纯朴。他们看起来马马虎虎，却十分有人情味。由脐下丹田发出声音的人较为诚实，不会阿谀逢迎，是道地的实业家。说话时高声尖叫的人，是理论家。当他慷慨激昂时，容易有歇斯底里的现象发生。他虚荣心很强，缺乏诚实感。说话时声音响亮，语句明朗的人，不论选择何种职业，都容易成功。讲话时声音被压抑似的，此种人好挖苦他人。

他不论看任何事物，均不会由正面去观察。讲话时声音较低，同时嘴唇两侧有唾沫，也就是口沫横飞的人，是精力过剩的浪费型的人。

现代心理学家认为，不同的声音会给人不同的心理感受。我们不妨看看以下几种类型：

第一种类型：声音低而粗犷。具有这种声音的人较为现实，也较有作为。也可以说是比较成熟且潇洒，一般适应力也较强。

第二种类型：讲话速度快。这类人朝气蓬勃，性格外向。

第三种类型：声音洪亮。这类人具有艺术家的气质，精力充沛，荣誉感强。

第四种类型：讲话外带语尾音。这种类型的人有点女性化，但往往精神高昂。

第五种类型：音调呆板。这类人喜欢沉默，较为内向。

第六种类型：语气低沉，说话时由牙缝深处发出声音的人，凡事都抱有怀疑感。

正因为一个人的说话声音在很大程度上体现了这个人的本性，所以，一个高明的人能够根据谈话的声音来识破不同人的内心世界。

根据说话声音洞察对方的深层心理，以了解对方的个性特征，是了解人的重要途径。

## 行为举止中隐藏的心理密码

一个人的行为举止反映出一个人的内在品格。也就是说，一个人外在的行为举止是其内在本性的表现，反映出一个人的兴趣、爱好和情感世界等。这些经过长时期自我修养、自我教育而养成的个人的行为方式，乃是一个人本身性格、气质和禀性的综合反映。例如，通达就看他的礼节，尊贵就看他上进的程度，富裕就看他的修养。高兴时检验他的操守，快乐时检验他的懈怠，发怒时检验他的气节，害怕时检验他的耐力，受苦时检验他的毅力。这是识人的根本。

某公司的领导对前来应试的业务员，经常会采取各种不同的方法来考验其内在品质。有一次，他让两个应试的业务员和他一起挤公共汽车。他发给每人一元钱做车费，而车票的价格是九毛钱。两位应试的业务员都是朝气蓬勃、风流倜傥的年轻人。其中一位用一元钱买了车票之后，对应找的一角钱不屑一顾，说声“不用找了”；而另一位则恰恰相反，坚持要找回那剩余的一角钱，虽然有不少人用鄙视的目光看着他的举动，而他依然如故。那位公司领导看在眼里，喜在心里。他用力地拍了一下后一个年轻人的肩膀说：“恭喜你，年轻人，你被录用了。”

在那位领导看来，能够为应找的一角钱据理力争的人，日后肯定会为公司的利益不惜付出一切代价。从这件微不足道的小事中，这位领导看透了两位应试者不同的内心活动状态。

行为举止是人心灵的暗示。在日常生活中，人们的行为举止各具特色。而我们可以借此窥探出一个人的真实想法，了解一个人心理上的动向，把握他人的心理活动。

一个襟怀坦白或与人为善的人，常常会在别人面前解开外衣的钮扣，甚至脱掉外衣。在商业谈判时，当对方开始脱掉外套放在椅背、扶手上，就可以推知他有谈下去的诚意，有达成协议的希望。相反，当对方觉得问题很棘手或双方话不投机时，尽管气温升高，他也不会脱掉外套。

在教师上课或领导讲话时，有的听众身体前倾，头微微倾斜，并用一只手撑着，说明他正全神贯注地听着；有的听众的头没有倾斜，脊背挺直，脸上没精打采的样子，时而看看天花板，时而望望窗外，时而瞧瞧手表，甚至还在收拾东西，如插上钢笔、合上笔记本等，说明他已厌烦，极想马上解散。

抓抚下巴，是人们在决策前夕常有的思考姿态。达尔文在提到这种思考姿态时说，在全世界都会见到，人们在思索时“有时候会抓抓胡须……而两手，通常是大拇指和食指，会抚摸到脸部，最普通的是用手指触摸上嘴唇”。

每个人的心理都是很微妙的。当人们发现自身问题时都会极力掩饰它，都想藏起来。但越是这样，就越会露出马脚。因此，我们要学会“察言”“观色”“观行”“观动”“观举止”等。

当林肯到了找女朋友的年龄，母亲给他讲了一个从饭桌上认识一个女孩子的人生经验：“如果一个女孩子跟你去吃西餐，点了‘全餐’，开始上来的是开胃菜、面包、汤、沙拉，她全吃光了，等到后面的主菜和甜点，已经吃不下去，你可别怪她。她绝对不是浪费，只是不会点西餐，甚至有可能没吃过全餐。但你要是哪天遇到一位小姐点了全餐，而且从头到尾，每道菜只碰一点点，可就得小心了。那是真浪费，只怕你将来养不起!”

一个人的行为举止、风度仪表是展现一个人外在魅力的主要方式之一。优雅文明的行为举止总让人兴奋快乐，使人心悦诚服。正如一个人的内在品性一样，一个人的行为举止也是促使人成功的真正动力。

行为举止传递的信息丰富而真实。因此，在日常生活中，我们的一颦一笑、一举一动都反映了内心世界，平时必须多加注意。

## 小动作反映对方的心理

心理学家莱恩说：“人们日常做出的各种习惯行为实际反映了客观情况与他们的性格之间的一种特殊的对应变化关系。”这就为我们从日常小动作反映对方的心理提供了必要的理论依据。

的确，即使我们不说一句话，别人只要稍稍留意一下我们的小动作，即肢体语言，也可以知道我们正在想什么，或者我们现在的感觉如何。

第一，手插裤兜里。

双脚自然站立，双手插在裤兜里，时而取出来，时而又插进去。这类人的性格一般谨小慎微，凡事三思而后行。在工作中，他们最缺乏灵活性，往往用笨办法来解决很多问题。他们对突然发生的事情，如打击、失败等，心理承受能力差。

第二，双手后背者。

两脚并拢或自然站立，双手背在背后，这类人大多在感情上比较急躁，但他与人交往时，关系处得比较融洽，其中可能较大的原因是他们很少对别人说“不”。当过兵的人对双手后背这种习惯动作是再熟悉不过的了，尽管部队规定在正式场合不许袖手和背手，但还是可以看到在非正式场合一群新兵聊天的时候，突然老兵班长来了，他往往就是背握着手，昂起下巴，在新兵中走来走去。把老班长这种动作换成语言来表示，就等于他在说：“我是老兵，我是班长，你们得听我的。”同时，这也是相当自信的姿势。

第三，触摸头发者。

如果与你面对面坐着或站着，他们总是时不时地触摸头发，给人的感觉是在引起你对他们发型的兴趣。其实不然，因为这类人，即使是一个人在家看电视，也会时隔三五分钟就“检查”一下自己头发上是不是沾上了什么不好的东西。这类人大多个性突出、性格鲜明、爱憎分明，尤其疾恶如仇。倘若公共汽车上有小偷，而乘客中这类人居多的话，那个小偷肯定会被当场打个半死。在一般情况下，他们喜欢做一些冒险的事情，喜欢挤眉弄眼，爱拿人当调侃对象。这类人当中，有的缺乏内涵修养。但他们特别会处理人际关系，处事大方并善于捕捉机会。

第四，吐烟圈者。

这类人有两个明显的特点：

一是与别人谈话时，总是目不转睛地看着对方，支配欲望强，不喜欢受约束，为人比较慷慨，哥们儿义气重。因此，他们周围总是包围着一群相干和不相干的人。吐烟圈还能看出此人对某个状况是积极还是消极的态度，那就是看他把烟圈是朝上吐还是朝下吐。一个积极、自信的人多半会把烟圈向上吐，消极、多疑的人多半会朝下吐烟圈。若是朝下吐，而且是由嘴角吐烟时，表示此人非常消极。

二是这类人做事优柔寡断。昨天约好了今天要去某个地方游玩，或者是到某家做客，抑或是一起去完成什么别的事，当你叫他时，他往往会说："稍等，让我考虑一下。"实际上，什么事都没有。由此，我们可以得出这样的结论：这类人"生来就不是做官的料"。但这类人接受能力强，反映敏捷。

第五，走角落者。

十之八九，这类人属于自卑型。他们参加各种聚会或会议时，总会找一个最僻静的角落坐下。不过，要排除那种昨天通宵达旦，今天想找一个不容易被人发现的角落打瞌睡的人。喜欢走角落的人，性格大多有怪异的一面。如果说他无能，他绝对会做一件事给你看看；如果说他行，他却非常谦虚；大家都说某件事情不能做，他偏要去试试。这类人最不习惯的是拜访年轻、漂亮的女士的家。这是因为，他要站在门前许久，给自己鼓足勇气，才敢去敲门。通常来说，尽管这类人非常聪明，但口头表达能力不强。不过，写作能力也就是书面表达能力却是相当不错的，写情书更是行家。令人遗憾的是，他们大多会把写的情书压在枕头下面。

一个人的所思所想和性格特征往往是从他的习惯动作体现出来的。小动作最能反映对方的心理。

## 从个人嗜好看心理

嗜好就是特别爱好。嗜好是人类休闲活动之一，唯有工作、家庭和休闲活动三者取得协调，人类才能正常生活。其中，只有嗜好不必像工作和家庭一般，受到人际关系的羁绊，而且有自由的选择。此外，嗜好也不受社会规范的约束，而能自由活动。因此，我们能从嗜好中窥探出一个人的真正面目。

第一，喜欢钓鱼的人。他们做事的时候，对过程的重视程度往往要多于结果。他们在做事的过程中，能够体会到很多快乐，能够对自我价值加以肯定。但是，对于结果的成败，就显得有些无所谓了。他们信奉的人生信条就是努力做了就问心无愧。在平日里，他们显得比较傲慢，看上去不在状态。可一旦有事情发生，他们却能在最短的时间里，用最快的速度调整自己，积极地投入其中，他们大多具有很强的耐性。

第二，喜欢做高危活动的人。在通常情况下，这类人的第一要求就是身体好。只有如此，他们才能去做一些如滑翔、登山、跳伞等具有一定危险的活动。这类人从外表上看很健壮，但心思却非常缜密。他们做什么事总是非常小心，一件事要前前后后反复斟酌，尽量把可能出现的问题考虑清楚，然后再行动。因此，他们对“三思而后行”的理解比其他人更为透彻。他们具有坚强而固执的性格，一旦决定要做某件事，就不会轻易放弃。在这期间，无论遇到多大的艰难险阻，他们都能挺住，并勇于向未知的领域探索，敢于迎接挑战。

第三，喜欢收藏的人。这类人希望通过对某一类物品收藏、鉴赏、玩味等方式，来追求生活的高层次享受，不但要求稳定、家庭和睦、事业成功，而且还要有丰富充实的休闲文化生活，以便在紧张的学习、工作之余，潜移默化地增长知识、开阔视野，从而得到美的享受。

第四，喜欢表演的人。他们的性格中具有相当细腻的情感，渴望尝试不同的角色，体验不同的生活。除此之外，他们的想象力特别丰富，具备把不同的角色揣摩到位、表演逼真的能力。但这类人有时爱幻想，经常会有一些不切实际的想法。

第五，喜欢读书的人。这类人具有很强的创造力和想象力，有自己的想法。他们兴趣广泛，经常能够超越自己的经验来计划某一件事情，进而扩展自己的生活领域。正如培根所说：“读书能使人充实，谈话能使人机敏，写作能使人精确。”

第六，喜欢下棋的人。他们可能在身体上不那么强壮，但在智力上往往要胜人一筹。他们会毫不吝惜地把自己的聪明才智发挥到淋漓尽致，从而把对手逼到走投无路的境地。在这个过程中，他们会获得巨大的满足感。喜欢下棋的人，其逻辑思维和分析思考能力都是非常强的。所以，他们做事成功的概率也会比较大。

第七，喜欢乐器的人。他们多半是感性成分较多的人，敏感度也是极高的。他们总能在不经意间捕捉到一些好的坏的感觉，这不仅为他们带来快乐，也为他们带来烦恼。他们的性格并不是特别坚强，反而是脆弱的，甚至不堪一击。他们迫切需要别人的关心与爱护，却并不一定能够去关心和爱护他人。

第八，喜欢爵士乐的人。这类人的性格中，感性化的成分往往要多于理性。很多时候，他们做事只是凭直觉出发，而忽略客观实际。他们喜欢自由、无拘无束地生活，希望能够摆脱控制自己的一切。他们追求丰富多彩的生活，讨厌一成不变的东西。他们的生活多是由很多不同的方面组成的，而这些方面又往往是相互矛盾的。

第九，喜欢竞走的人。这类人的性格是叛逆的、反传统的，他们喜欢标新立异。他们的自主意识较强，不希望被人管制和束缚。他们渴望自由自在，想干什么就干什么。

一个人对于一种嗜好的选择，可以反映出他的个性心理。

## 笑声展示性格

情绪表达的方式很多，笑是其中最愉悦的一种。笑是一种特殊的语言，三五好友齐聚一堂，大家开怀大笑，增进彼此感情，亦未尝不可。从笑的方式，也可以窥见一个人的内心动态和性格。

第一，捧腹大笑的人。

这类人多是心胸开阔的。当别人取得成就后，他们有的可能只是真心祝愿，很少产生嫉妒心理。在别人犯错后，他们也会给予最大的宽容和谅解。他们比较有幽默感，总是能够让周围的人感受到他们所带来的快乐。同时，他们还极具爱心和同情心，在能力范围内，最大限度地对他人给予帮助。他们没有势利眼，不嫌贫爱富，为人比较正直。

第二，悄悄微笑的人。

这类人不是性格比较内向、害羞，就是心思非常缜密，而且头脑异常冷静，无论何时都能让自己跳出所在的圈子之外。他们习惯于作为局外人来冷眼观察事情的发生、发展情况，这样可以更有利于自己做出各种正确的决定。

第三，看到别人笑，自己就不自觉地跟着笑的人。

这类人绝大多数是乐观开朗的，情绪化比较强，而且富有一定的同情心。他们对待生活的态度也很积极。

第四，笑得全身都在打战的人。

这类人的性格多是很真诚、直率的。和他们交朋友，是一个非常不错的选择。当朋友有了缺点和错误后，他们能够直言不讳地指出来，而不是为了当老好人、为了不得罪人而视而不见。他们在能力允许的范围内，会对他人给予无私的帮助。在遇到困难的时候，他们也会得到来自他人的关心和帮助。

第五，不发出声音微笑的人。

这类人大多是内向而且感性的人。他们的性情比较低沉和抑郁，情绪化比较强，而且很容易受到周围人的感染。他们还具有浪漫主义倾向，会一直寻找一些可以制造浪漫的机会，并为此做出一定的牺牲。他们的性情很温柔，也很亲切，经常能够给人一种很舒服的感觉，与人相处起来会比较容易。

第六，笑声非常爽朗的人。

这类人多是坦率、真诚、热情的人。他们是行动派的典型代表，也就是说，决定做一件事，立刻就会付诸行动，非常果断、迅速，从不拖拉，更不会拖泥带水。他们表面上看起来很坚强，但心灵深处是极其脆弱和敏感的。

第七，不张口而能发笑的人。

这类人多是在掩饰自己的感情，或带着很强烈的警戒心理。为了避免他人洞察真心，通常也是不会开口发笑的。这种类型的笑可以具体分为以下四种：

一是“哈哈哈”型。这种从腹腔发出笑声的人，属于“豪杰型”。普通人是很难发出这样的笑声的。这种笑声的发出必须具备状态极佳的身体，平常要想如此发笑，必是体力充沛者。

二是“呵呵呵”型。自我感觉没有信心，强制压抑不快的情绪时，没有完全发笑的笑声。他们时而以这种笑声来掩饰内心的“牢骚”，身体疲惫或心浮气躁时也会有这样的笑法。

三是“嘻嘻嘻”型。属于少女型的笑声。这类人好奇心强，属凡事都想一试的性格，极其渴望博得周围异性的好感，且此种心态随时都可以表现在脸上，情绪时高时低，高兴与郁闷时的落差大。

四是“嘿嘿嘿”型。对他人带有批评或轻蔑的态度时，抑或是当事者内心不安和烦恼时，带有攻击性，希望借此压抑对方以获得快感。

笑是一个人快乐心情的体现，但笑的方式却能识别一个人的内心动态和性格。

## 出门观天色，进门看脸色

俗话说："出门观天色、进门看脸色。"观天色，可推知阴晴雨雪，携带雨具，免受日晒雨淋；看脸色，便可知其情绪好坏，免得不受人待见。学会察言观色，实在是不可忽视的为人处世之道。知情绪，便能善相处；善相处，便能心相通；心相通，便能达到一致。

学会察言观色，留意对方的表情，有利于互谅互让，和谐相处。当对方不高兴时，该治则治，该躲则躲，当止即止，就可避免许多不必要的纠纷，求得和睦相处，"琴瑟和鸣"。

如果每个人都能察言观色，及时地改变先前的决定，及时地退或进，及时地组合或分解自己的言行，及时地控制自己的喜怒哀乐，那么，人际交往一定会更加和谐。当然，那种阿谀奉承，吹牛拍马，唯上司命是从，为了个人利益，专看脸色行事的"小人"，理应受到鄙弃。察言观色不是为了投人所好，而是与他人站在同一水平面上。

在世界的知识中，最需要学习的就是如何洞察他人。可以说，每一个拥有良好人际关系的人、每一个善于驾驭人的人都是善于察言观色、善于察觉别人体态语言并做出有效反应的。

察言观色是一切人情往来中操纵自如的基本技术。不会察言观色，等于不知风向便去转动舵柄，世事国事无从谈起，弄不好还会在小风浪中翻了船。如果我们真能在交际中察言观色，随机应变，解读对方的心思，也是一种本领。

刚参加工作不久的王先生，在大学时是一个各方面表现都很优秀的学生。因此，他非常自负。王先生原以为自己在公司里会一帆风顺，步步高升。但他万万没想到，自己处处碰钉子。老板、同事、客户，几乎每个人都在给他脸色看，令他难堪。

有一次，刘小姐满脸不快地从老板办公室里走出来，看起来像是被老板骂了。王先生不知死活，立即走过去表示关心："刘小姐，你是不是又被老板骂了？没事儿，别放在心上。”刘小姐很不自在地冷眼看了他一下，硬生生地说了句：“没有的事，你别胡说八道!”说完，扭头就走了，把尴尬的王先生丢在办公室的门口。

我们不难看出王先生遭人白眼的真正原因。用俗语来说，王先生就是一点“眼力”都没有，明明知道刘小姐心情不好，他还非要去问一句。这样做的后果，无异于在人家的伤口上撒盐，无异于火上浇油，刘小姐岂有不愤之理。像王先生这种没有眼色的人，谁都不会喜欢。

由此可见，在职场中与人交往，需要敏锐观察对方的“言色”，懂得“看脸色”，从而了解别人的想法。只有这样，才能做出令人满意的举动，也才能进退自如，达成既定的目标。

下面教你如何察言观色：

一看眼睛。眼睛可说是脸部最富表情，也最容易泄露秘密的地方。学会观察眼睛，识人即可事半功倍。

二看手势。一般认为，揉眼睛、捏耳朵代表虚伪、犹豫或焦虑。如果一个人说话时频频碰触嘴巴或耳朵，他可能在说谎。如果是听话的一方这么做，则代表他认为对方在说谎。

三听声音。焦虑、具有攻击性或喜欢出风头的人，说话音调较高或习惯大声。语调低沉的人较自信，习惯拉高尾音容易被当作不成熟。

四看笑容。这是最有说服力的沟通工具，不只代表快乐幽默，也可能意味着道歉、防卫或谅解。

掌握了以上几点，你就可以轻松学会察言观色了。

练就识人的眼力，你就可以在人与人的交往中迅速准确地看透对方的心理，从而占尽先机，游刃有余地面对各种人生挑战。

# 第三篇 打开对方心扉的心理策略

在与陌生人的交往中，通常会遇到这种情况：你很想和对方交谈，但因为情绪紧张或者怯生而开不了口。还有的人，也许是受了“逢人只说三分话，不可全抛一片心”的影响，难以打开心扉与陌生人进行深入沟通。于是，对方永远只能是陌生人。因此，想办法打开陌生人的心扉，是让对方真正成为朋友的必要前提。社交第一步就是要攻破对方的心理防线，只有攻破了这道防线，才能更好地将人际活动进行下去。

## 从对方最感兴趣的事着手

如果你看见一张你与别人的合影照片时，你最先注意到的是哪一个呢？毫无疑问，那肯定是“我”。为什么会是这样呢？因为人对自己最感兴趣！同样，在谈话中，没有人会对自己不感兴趣的话题投入过多的热情。如果遇到自己感兴趣的话题，人们常常会情绪激昂地参与进来。因此，在与对方谈话时，我们就可以抓住对方的这种心理，从而实现进一步的交流。如果你想让别人喜欢你，让别人对你产生兴趣，你必须注意的一点就是：迎合他的兴趣。否则，人际关系沟通就不那么顺利。

人际交往是人与人之间的相互作用。有人说：“人际交往是最有用却又最深奥的学问。”其实，最深奥的也往往是最简单的。深受西方人尊崇的人际关系“黄金定律”说的就是一句话：“你希望别人怎样待你，你就怎样待别人。”这就是“将心比心”。而自称比“黄金定律”更技高一筹的所谓“白金法则”，也不过是说：“别人希望你怎样对他，你就怎样对他。”这就是“投其所好”。不管是“将心比心”，还是“投其所好”，人际交往的成功，最重要的是要把握交往的基本原则。

在现实生活中，有些人只顾自己的喜乐爱好，一味地热衷于做自己感兴趣的事情，自己想怎么着就怎么着。一旦自己的兴趣与他人产生冲突，就会给彼此的交往设置一种障碍，影响彼此的协调与沟通。人们通常所说的“感情”投资，在某种程度上，就是指从对方感兴趣的事情入手，逐渐取得对方的好感，进而达到彼此之间的和睦相处。

有一个人和朋友在路上不期而遇。这个人是个球迷，刚刚欣赏完一场足球赛，兴奋不已。他的朋友是个歌迷，刚欣赏完一个演唱会，情绪激动。他们都迫不及待地想宣泄自己的兴奋与喜悦。这个人开口说：“你看世界杯了吧，真是太精彩啦！”朋友说：“我刚看完演唱会，简直太棒了！”这个人又说：“马拉多纳的脚法真棒！”朋友却说：“麦当娜的嗓音真好！”这个人接着说道：“马拉多纳有一脚球传得略高一些……”朋友说：“一点也不高，那种声音真是让人流连忘返。”他边说边唱起来。这个人生气地说：“演唱会一点儿意思也没有。”朋友反驳道：“足球赛才没意思呢，满场人围着一个球跑，太没趣!”就这样，他们开始争吵起来。

起初，他们各自沉浸在自己的喜悦之中，急于向对方倾吐自己的爱好，却不顾对方的感受。结果，他们为了维护各自的兴趣，发生了无谓的争执，从而破坏了彼此之间的关系。

在人性丛林中，每个人的性格都不一样，每个人的兴趣也都不一样。要想让他人迎合你的兴趣，你必须关注他人的兴趣，而让自己的兴趣暂时退避，你就能成为一个受欢迎的人和被人所喜欢的人，同时也能维护你们之间的关系。

迎合别人的兴趣是迈向成功的第一步。如果你想打动别人的心，你就必须谈论别人感兴趣的话题。

## 关注他人关心的问题

每个人都希望受到别人的重视，都希望别人把目光聚集到自己身上。如果你能够先重视他，为他办理好他所关心的问题，别人自然会把目光投向我们，重视我们，并为我们办理一些事情。对别人显示你的兴趣，关心他最关心的人与事，是与人交际中必须学会的一件事。它不仅可以让你交到许多朋友，有时候还会有意外的收获。

杜弗诺先生是纽约的一位面包经营商，他千方百计地想将公司的面包卖给纽约一家旅馆。四年来，他每星期都去拜访一次这家旅馆的经理，参加这位经理举行的所有活动，甚至在这家旅馆中订了房间住在那里，以期做成自己的买卖。但他还是失败了。后来，在了解了说服的玄机之后，他决定改变做法。首先，他打算找出这个人最感兴趣的是什么，看什么事情能引起他的热心。经过一番周折之后，杜弗诺先生了解到，此人是美国旅馆协会的会员，十分向往成为该会的会长，因为他想升为国际招待员协会的会长。所以，不论在什么地方召开此类大会，他总会想方设法参加。

杜弗诺先生说："第二天，我一见到他，就开始谈论关于旅馆协会的事。我得到的是一种多么热烈的反应！他对我讲了很长时间关于旅馆协会的事，他的声音极富热情。我可以清楚地看出，这确实是他很感兴趣的爱好。在我即将离开他的办公室时，他劝我也加入这个协会。这次谈话中，我没有提与面包有关的一个字。但几天后，他旅馆中的一位负责人给我打电话，要我带着货样及价目单前去见他。"

"真不明白你对我们老板做了些什么事，"这位负责人不解地对他说，"但你的招数的确十分有效。"

事后，杜弗诺感慨地说："我对这人穷追了四年，尽力想赢得他的买卖。如果我不去找他所感兴趣的东西，恐怕我现在还不会有任何结果。"

如果你想说服他人，想让他人对你产生兴趣，需要别人做事或要别人听从你的劝告，你就要首先满足别人的喜好。当我们对他人感兴趣、关心他最关心的人或事时，别人就会感觉到我们对他的诚恳与尊重，同时也会对我们报以微笑。如果我们总是一种不理不睬或高高在上的姿态，对他人没有半点兴趣，谁还会对我们充满好感呢？

只有关心他人所关心的，才能拉近彼此间的距离，从而使自己得到自己想要获得的东西，也才能在人际交往中左右逢源。

## 寻找共同话题，拉近彼此距离

在与人交往中，我们会有这样的体会：与和自己没有共同语言的人一起交谈时，会感到别扭、烦闷。而一个业务员在销售工作中，若是碰到这种情况，更是感到头疼。但是，为了与客户搞好关系，又必须与其友好地交往下去。怎么办？首要的就是和对方产生有共同语言之感。你要善于找到与对方共同感兴趣的话题，和对方发生共鸣。只有这样，交谈才能愉快进行，对方也才乐于与你交谈。那么，如何才能与对方达成共鸣呢？关键是要和对方同步，选择一个两者都感兴趣的话题。如果话题选择得好，可使人有一见如故，相见恨晚之感；如果话题选择不当，便会导致四目相对，局促无言的尴尬局面。

某公司的汽车销售人员小马在一次大型汽车展示会上结识了一位潜在客户。通过对潜在客户言行举止的观察，小马分析这位客户对越野型汽车十分感兴趣，而且其品位极高。虽然小马将本公司的产品手册交到了客户手中，可这位潜在客户一直没给小马任何回复。小马曾有两次试着打电话联系，客户都说工作很忙，周末则要和朋友一起到郊外的射击场射击。

后来，又经过多方打听，小马得知这位客户酷爱射击。于是，小马上网查找了大量有关射击的资料。一个星期之后，小马不仅对周边地区所有著名的射击场了解得十分深入，而且还掌握了一些射击的基本功。再一次打电话时，小马对销售汽车的事情只字不提，只是告诉客户自己“无意中发现了一家设施特别齐全、环境十分优美的射击场”。下一个周末，小马很顺利地在那家射击场见到了客户。小马对射击知识的了解让那位客户对其刮目相看，大叹自己“找到了知音”。在返回市里的路上，客户主动表示自己喜欢驾驶装饰豪华的越野型汽车。小马告诉客户：“我们公司正好刚刚上市一款新型豪华型越野汽车，这是目前市场上最有个性和最能体现品位的汽车……”一场有着良好开端的销售沟通就这样形成了。

你看，和对方找到共同话题达到共鸣，你也轻松，他也高兴，可以说是皆大欢喜。可见，寻找共同话题对于沟通的双方至关重要。当你初次与他人交谈时，首先要解决的问题便是尽快熟悉对方，消除陌生。你可以设法在短时间里，通过敏锐的观察初步了解他：他的发型，他的服饰，他的领带，他的烟盒、打火机，他随身带的提包，他说话时的声调及他的眼神等。这些都可以给你提供了解他的线索。

如果你事先就知道将要同一个陌生者见面，在见面之前通过别人打听一下这位陌生者的情况，这对于将要开始的交谈是十分有利的。

要想使交谈有味道，谈得投机，谈得其乐融融，双方就要有一个共同感兴趣的话题，能够引起双方的共鸣。只有双方有了共鸣，才能沟通得深入、愉快。其实，只要双方留意，就不难发现彼此对某一问题有相同的观点，在某一方面有共同的爱好和兴趣，有某一领域有共同关心的事情。

当你对他人正焦虑的问题表示出特殊的关心时，他会因此对你产生好感，进而拉近彼此之间的心理距离。

## 做最好的倾听者

俗话说："雄辩是银，倾听是金。"如果你希望成为一个善于与人沟通的高手，你就应当先做一个注意倾听的人。要使别人对你感兴趣，就应当先对别人感兴趣。倾听，不仅是对别人的尊重，也是对讲话者的高度赞美，更是对讲话者最好的恭维。在社交过程中，最善于与人沟通的高手是那些善于倾听的人。试想，如果你能俯下身子，很谦虚地倾尽全部注意力去听，说的人也定会倾其所有，知无不言，言无不尽。沟通的目的不是"说"，而是"听清楚，说明白"，要达到双方都完全了解的目的。

每个人都希望获得别人的尊重，受到别人的重视。当我们专心致志、全神贯注地听对方讲时，对方一定会有一种被尊重和被重视的感觉，双方之间的距离必然会拉近。

但在与人相处时，我们常常因为热衷于表现自己而忽略了这个原则。很多人喜欢滔滔不绝地、一大套一大套地讲个没完，这种习惯往往会严重阻碍人际交往。切记，如果你希望成为一个善于谈话的人，那就先做一个注意倾听的人。一位心理学家曾说："以同情和理解的心情倾听别人的谈话，这是维系人际关系、保持友谊的最佳方法。"

假设一个人正讲得兴致勃勃，听众也像一群粉丝一样兴奋地聆听着，你却突然插嘴："喂，这是最近才发生的事情吗?"说话的那个人绝对不会对你产生好感，更重要的是也许在场的人都不会对你产生好感。因此，在他人说话时，不要以不相干的问题打断别人，更不要抢着替别人说完未说的话，更不要为了一些不重要的细节问题而打断别人。当然，如果对方讲话冗长，没有吸引力，导致其他人都昏昏欲睡时，你可以适当地提醒对方。

假如仅仅用语言告诉别人你"尊重"他，对方恐怕很难相信。然而，行动胜过言语。主动倾听对方的讲话，事实上就是用一种无声的语言表达你对他人的尊重。在与对方谈话时，主动引导对方说话，适当地问对方喜欢回答的问题，鼓励对方谈论自己所取得的成就，这往往比你滔滔不绝地讲述一两个小时更有价值。不要忘记，与你谈话的人对他自己的一切比对你的问题要感兴趣得多。

据说，有科学家曾对一批推销员进行追踪，其追踪的是10%业绩最好的和10%业绩最差的。追踪发现，他们的业绩之所以有如此巨大的反差，与他们是否善于倾听关系极大——那些业绩最差的10%，每次推销平均说话为30分钟；而那些业绩最好的10%，平均只说12分钟话。听得多，对顾客了解透彻，自然就心中有数，推销也会有的放矢。你说得多，自然听得少；你说得少，自然听得多。

倾听的能力是一种艺术，也是一种技巧。上帝创造我们之所以有两个耳朵、一张嘴，就是为了让我们多听少说、善于倾听。可现实正好相反，实在令人遗憾！

会说不等于会听，一个滔滔不绝的人有时并不比一个善于听讲的人更能获得好感。

## 提问有技巧

提问是引导话题、展开交谈的一个好方法。提问有三种功能：一是通过发问来了解自己不熟悉的情况；二是将对方的思路引导到某个要点上；三是打破冷场，避免僵局。

发问首先应注意内容，不要问对方难于应对或难于启齿的隐私，以及大家都忌讳的问题。其次是注意发问的方式。提问的人应对发问进行方式设计。比如，来了一位东北客人，你这样问："你是东北人吧？""刚到河北吧？""东北比河北冷吧？"对方恐怕只好一次又一次地重复"是"。这不能怪客人不健谈，而是这种笨拙的发问也只能回答到这个程度。不妨换一个问法："这次到河北有什么新的感触？""东北现在建设得怎么样？"对方不但可以介绍一些你所不了解的新鲜事，还会充分叙述自己的感受而使气氛自然融洽。

如果你提的问题对方一时回答不上来，或不愿回答，不宜生硬地追问，要善于改变话题。如果对方仅仅是因为羞怯而不爱谈话，你就应先问点无关的事，比如问问他工作或学习的情况，等气氛缓和了，再把话题导入正轨。

不同的提问方式，会造成不同的结果。比如：

第一组问话方式：

"这香烟发霉了吗？"

"为什么会是这样的？"

"您是如何想方设法的？"

"伟伟，给叔叔、阿姨唱一首歌！"

第二组问话方式：

"香烟是刚到的货，对吗？"

"不知各位对此有何高见？请发表！"

"不知各位意下如何，愿意交流一下吗？"

"我家伟伟会唱许多歌，还上了电视，叔叔、阿姨没看到，给叔叔、阿姨唱一首歌好吗？"

很显然，以上两种问话方式，第二种就比第一种有效。

提问的技巧具体分为以下四个方面：

第一，前奏。前奏就是告诉对方，回答你的问题是必要的或至少是没有坏处的。如果你要提出对方可能不愿回答的敏感问题，运用一个前奏就有望改变对方的想法。例如，提问对方的项目预算，一般对方是不愿告诉你的。这时，你可以加一个这样的前奏："为了给您推荐一个最适合的方案，我想知道这个项目大概的投资水平在怎样的范围内呢？"通过前奏就能有效地提醒对方，让我了解项目预算是必要的，对方就有正面回答的可能性。

第二，反问。如果对方向你提出问题，而你却不知道怎样回答，这时，你有两种方式可以选择：一是实事求是，切忌不懂装懂；二是反问对方，让对方说出他是怎样看待这个问题的，这通常就是他希望得到的回答，你也正好可以投其所好。

第三，沉默。如果在通话过程中出现长时间的沉默，这当然会造成很尴尬的局面。但是，适当的沉默也是十分必要的。例如，向对方提问后，保持一小段时间的沉默，正好能给对方提供必要的思考时间。

第四，同一时间只问一个问题。通常你可能需要同时提出几个问题让对方回答，而他往往只会记得其中的一个，或觉得无从谈起。所以，同一时间只问一个问题才是最好的选择。

提问时，应当以热情、诚挚的态度，表示出自己对他人的友好、关心，以消除对方的不安或陌生感。坚决避免说那些刺伤对方、表现自己特殊地位、令对方感到困窘的话。

# 第四篇 让对方喜欢自己的心理策略

情感是社交心理学中的重中之重。人们的生活无时无刻不在受着情感的影响，这对于每一个人来说都是相当重要的。它既是我们走向成功的前提，又是我们事业的保证。运用好情感，你就能享受快乐，掌控自己的社交活动。人的思想和语言完全是受其内心支配的，即使有时会言不由衷，只要你善于观察，发现其内心的隐情，针对其内心倾向发表言论，就会产生奇妙的效果，让对方很快对你心悦诚服，并按你的意图做事。这就是“攻心”的妙处！

## 从他人得意的事入手

每一个人都有自认为得意的事情，这事情的本身究竟有多大价值，是另一问题，而在他本人看来，却认为是一件值得终身纪念的事。你如果能预先打听清楚，在有意无意之间，很自然地讲到他得意的事情，只要他对你没有厌恶的情绪，只要他目前没有其他不如意的刺激，在情绪正常的情况下，他一定会高兴地听你说。

例如，你和一位女士谈判时，她拿出孩子的照片给你看："你看看，这是我儿子，多可爱!"此时，你一定要赞美："这是你儿子呀，我现在才知道帅哥小时候长什么样，我以前只见过大帅哥，没见过小帅哥。瞧你这儿子，长得多好，你看这皮肤多白，眼睛多大，哎，还是双眼皮耶！你看这腿多长，将来一定是个大高个儿！看这脑门儿多大，将来肯定特别聪明……"你总能找出那些值得赞美的地方吧！

假如你接过照片，随意地看了一眼就还给对方，什么也没说，那就表明你背后的意思是："你的儿子实在没有优点，没有值得夸耀的地方……"对方该多么郁闷啊！

过了一会儿，她突然得意地对你说："我儿子今年考上清华大学了。"你要立刻停下所有的事情，接着说清华大学五分钟："啊，清华大学，真了不起，那可是中国最高等的学府啊。他爸特别聪明，你也聪明，怪不得你们的儿子这么聪明呢……记得当年我们高中，全年级几百人，也只有一两个能考上清华北大……"之后，你才可以说："大姐，你看我们的合同怎么签?"

每个人都有最得意的事，也都愿意谈论自己得意的事。如果实在难以与一个人接近或沟通，那就从他最得意的事入手，很快就能打破僵局，进入快车道。与人沟通时，一定要从对方的长处说起。如果你对对方并不熟悉，那么就有必要了解他最喜欢、最得意的事是什么。这样一来，你说的话、求他办的事，对方都会一一铭记在心，因为人人都喜欢被重视和被尊重。

美国著名的柯达公司创始人伊斯曼捐赠巨款，在罗彻斯特建造一座音乐堂、一座纪念馆和一座戏院。为承接这批建筑物内的座椅，许多制造商展开了激烈的竞争。但是，找伊斯曼谈生意的商人无不乘兴而来，败兴而归。正是在这样的情况下，“优美座位公司”的经理亚当森前来会见伊斯曼，希望能够得到这笔价值9万美元的生意。

伊斯曼的秘书在引见亚当森前，就对亚当森说：“我知道您急于得到这批订货，但我现在可以告诉您，如果您占用伊斯曼先生5分钟以上的时间，您就完了。他是一个很严厉的大忙人，所以您进去后要快快地讲。”亚当森微笑着点头称是。

亚当森被引进伊斯曼的办公室后，看见伊斯曼正埋头于桌上的一堆文件，于是静静地站在那里，仔细地打量起这间办公室来。

过了一会儿，伊斯曼抬起头来，发现了亚当森，便问道：“先生有何见教?”

秘书为亚当森作了简单的介绍后，便退了出去。这时，亚当森没有谈生意，而是说：“伊斯曼先生，在我等您的时候，我仔细地观察了您这间办公室。我本人长期从事室内的木工装修，但从来没见过装修得这么精致的办公室。”

伊期曼回答说：“哎呀！您提醒了我差不多忘记了的事情。这间办公室是我亲自设计的。当初刚建好的时候，我喜欢极了。但是，后来一忙，一连几个星期我都没有机会仔细欣赏一下这个房间。”

亚当森走到墙边，用手在木板上一擦，说：“我想，这是英国橡木，是不是？意大利的橡木质地不是这样的。”

“是的，”伊斯曼高兴地站起身来回答说，“那是从英国进口的橡木，是我的一位专门研究室内橡木的朋友专程去英国为我订的货。”

伊斯曼心情极好，便带着亚当森仔细地参观起办公室来了。

他把办公室内所有的装饰一件件向亚当森作介绍，从木质谈到比例，又从比例扯到颜色，从手艺谈到价格，然后又详细介绍了他设计的经过。

此时，亚当森微笑着聆听，饶有兴致。他看到伊斯曼谈兴正浓，便好奇地询问起他的经历。伊斯曼便向他讲述了自己苦难的青少年时代的生活，母子俩如何在贫困中挣扎的情景，自己发明柯达相机的经过，以及自己打算为社会所做的巨额的捐赠……

亚当森由衷地赞扬他的功德心。

本来，秘书警告过亚当森，谈话不要超过5分钟。结果，亚当森和伊斯曼谈了一个小时又一个小时，一直谈到中午。

最后，伊斯曼对亚当森说：“上次我在日本买了几张椅子，放在我家的走廊里，由于日晒，都脱了漆。昨天，我上街买了油漆，打算亲自把它们重新刷一遍。您有兴趣看看我的油漆表演吗？好了，到我家里和我一起吃午饭，再看看我的手艺。”

午饭以后，伊斯曼便动手，把椅子一一刷好油漆，并深感自豪。直到亚当森告别的时候，两人都未谈及生意。

最后，亚当森不但得到了大批的订单，而且和伊斯曼结下了终身的友谊。

为什么伊斯曼把这笔大生意给了亚当森而没给别人？这与亚当森的口才很有关系。如果他一进办公室就谈生意，十有八九要被赶出来。亚当森成功的诀窍，就在于他了解谈判对象。他从伊斯曼的办公室入手，巧妙地赞扬了伊斯曼的成就，谈得更多的是伊斯曼的得意之事，这样就使伊斯曼的自尊心得到了极大的满足，把他视为知己。这笔生意当然非亚当森莫属了。

每个人都非常重视自己，都喜欢谈论自己，都希望别人重视自己、关心自己。如果你让谁谈出了自己的得意，或由你去说出了谁的得意，谁肯定就会对你大有好感，必定会成为你的好朋友。

在现实生活中，无论是与朋友交谈还是与客户交谈，不妨多谈谈对方的得意之事，这样容易赢得对方的认同。如果恰到好处，他肯定会很高兴，并对你有好感。

## 建立私人之间的信任

无论在父母和子女之间，还是朋友或恋人之间，信任是建立良好人际关系最重要的基石。在日常生活中，建立信任与毁坏信任都是很容易的。如果你总是被“怀疑”所困扰，你就应该努力去建立信任。在当今这个社会上，已经越来越难觅这种互相信任的品质了。大家都是在怀疑一切，怀疑陌生人，怀疑同事，怀疑下属，怀疑朋友，怀疑爱人，甚至怀疑自己的父母。

充满怀疑的社会不是和谐社会，我们应当信任每一个人。在他做得出色的时候赞扬他，在他失误的时候鼓励他。当然，真正做到这些很难。诚实是我们做人最基本的准则，信任更是我们生活中的重要法宝。诚实可以让我们坦然面对纷繁的世界，信任可以让我们问心无愧地行走于天地之间。拥有诚信，便拥有了真实的生命。

信任是一种品质，它可以用朴实的思想去感受人与人之间的真实情感；信任是一面镜子，可以照亮一颗冰冷的心；信任是一把火，可以点燃生命的火炬；信任是一片海，可以掩埋悲伤和痛苦。

信任的力量有多大？我们不妨先来看看下面这个小故事：

公元前4世纪，在意大利，有一个名叫皮斯阿司的年轻人触犯了法律，被判绞刑，将在某个择定的日子被处死。皮斯阿司是个孝子，在临死之前，他希望能与远在百里之外的母亲见最后一面，以表达他对母亲的歉意，因为他再也不能孝敬母亲了。

他的这一要求被国王准许了，但交换条件是，皮斯阿司必须找一个人来替他坐牢。这是一个看似简单其实近乎不可能做到的条件。假如皮斯阿司一去不返，怎么办？谁愿意冒着被杀头的危险来干这件蠢事呢？

这个消息传出后，有一个人表示愿意来替换坐牢——他就是皮斯阿司的朋友达蒙。

达蒙住进牢房以后，皮斯阿司就赶回家与母亲诀别，人们都静静地观察事态的发展。日子如水一样流逝，眼看刑期将至，皮斯阿司却音讯全无。人们一时间议论纷纷，都说达蒙上了皮斯阿司的当。

行刑日是个雨天，因为皮斯阿司没有如期归来，只好由达蒙替死。当达蒙被押往刑场时，有人对他产生了同情，更多的人却是幸灾乐祸，笑他是个傻瓜。但刑车上的达蒙不但面无惧色，反而有一种慷慨赴死的豪情。

追魂炮被点燃了，绞索已挂在达蒙的脖子上。胆小的人吓得紧闭了双眼，他们在内心深处为达蒙惋惜，并痛恨那个出卖朋友的小人皮斯阿司。千钧一发之际，在淋漓的风雨中，皮斯阿司飞奔而来！他高声喊着："我回来了！我回来了！"这真正是人世间最感人的一幕，大多数人都以为自己是在梦中，但事实不容怀疑。皮斯阿司冲到达蒙的身边，他们紧紧地拥抱在一起。

大概只是一会儿的工夫，国王便知道了这件事。他亲自赶到刑场，要亲眼看一看自己如此优秀的子民。喜悦万分的国王立即为皮斯阿司松了绑，亲口赦免了他，并且重重地奖赏了他的朋友达蒙。

真正的朋友需要信任，这就是达蒙为什么敢代人坐牢的原因。真正的朋友更需要忠诚，所以，皮斯阿斯本可以逃脱一死，却仍然视死如归。因为忠诚，才得到信任；因为信任，才必须忠诚。忠诚和信任缺少一个，这个故事的结局就会完全改写。

可是，我们大多数人都有一个习惯，喜欢批评人。领导大会小会点名批评员工是常事，好像只有杀鸡才能骇猴一样。有研究报告说，一次负面影响需要十二次正面影响来弥补，何苦费力不讨好呢？对亲人的信任是一种挚爱，对朋友的信任是一种友好，对同事的信任是一种姿态，对孩子的信任是一种关怀，对爱人的信任是一种珍爱。让我们相信身边的每个朋友吧！

信任是一种弥足珍贵的品质，没人能够用金钱买得到，也没有人可以用利诱或武力争取到。你信任别人，别人也会信任你。大家相互信任，心地就会坦荡无私，心情就会愉悦至极。

## 巧妙化解对方敌意

我们经常看到这样一些人，他们总是怒目相对，冷漠仇视。不管他们的轻视、指责是出于善意还是恶意，是确实如此还是主观错觉，反正对一切于己不利的人都充满敌意。研究人员发现，越来越多的证据证明，对人怀有强烈敌意的人很容易出现心脏病。事实上，有敌意的心理状态往往与新陈代谢的症状有关。目前还不清楚敌意转化成生理危险的确切过程，但研究人员第一次把敌意相关的种种现象统一起来进行分析。研究人员分析了1000名成年男性，发现怀有对人或对事的敌意的人，更有可能发生肥胖和胰岛素抵抗，而且二者均为促成心脏病的因素。研究还发现，受教育少的男人更容易具敌意。因此，在不少情况下，敌意是社会低下层人士对慢性压力在情感上和行为上的反应。

一位朋友有一天遭遇了这样的经历：

那天，我站在一个珠宝店的柜台前，把一个装着几本书的包放在旁边。在我挑选珠宝时，一个衣着讲究、仪表堂堂的男士也过去看珠宝。我礼貌地把我的包移开。但这个人却愤怒地瞪着我，告诉我他是正人君子，绝对无意偷我的包。他觉得自己受到了侮辱，重重地把门关上，走出了珠宝店。

“哼，神经病。”莫名其妙地被人这么嚷了一通，我很生气，也没心思看珠宝了，出门开车回家。

马路上的车像一条巨大而蠢笨的毛毛虫，缓慢地蠕动。看着前后左右的车，我就生气：哪来这么多车；哪来这么多臭司机，简直就不会开车；那家伙开这么快，不要命了；这家伙开这么慢，怎么学的车，真该扣他教练奖金……

后来，我与一辆大型卡车同时到达一个交叉路口。我想：“这家伙仗着他的车大，一定会冲过去。”当我下意识地准备减速让行时，卡车却先慢了下来，司机将头伸出窗外，向我招招手，示意我先过去，脸上挂着一个开朗、愉快的微笑。在我将车子开过路口时，满腔的不愉快突然全部无影无踪。

珠宝店中的男士不知道从哪里接受了愤怒，又把这种坏情绪传染给我。带上这种情绪，我眼中的世界都充满了敌意，每件事、每个人都在和我作对。直到看到卡车司机灿烂的笑容，他用好心情消除了我的敌意。有了快乐的心情，才听到了鸟儿的歌唱。

别人冲你生气，是因为他有气，而不完全是你的错。如果都能传染微笑而消除敌意，这个世界该有多美好。

有些方法有助于平息对方的怒气：一是让对方畅所欲言，在他们发泄的时候认真倾听；公正地复述他们的话及感受；通过深入的提问来挖掘事情的真相；力争解决，主动表示解决的诚意，并提出解决的方案。上述方法能表现你重视对方的想法和感受，在赢得尊重的同时，可以消除对方的怒气。

在职场人际关系中，难免遇上若干对你怀有敌意的同事。这时，你不妨试试如下的办法：

第一，及时与上司和同事沟通。有些人因为误会、嫉妒或自大，会对你产生敌意，在工作上不与你配合、在背后散布你的谣言。等你知道时，谣言很可能已在单位里传播开了。此时若当面对质，要对方给你一个说法，并非明智之举。一是对方可能一口否认，二是面子闹僵了只会影响工作。最好的办法是及时与上司和同事沟通。选个合适的时间和场合，把自己的情况和想法讲一讲，让谣言不攻自破。同时，提醒自己不要用攻击性的语言，也最好不要针对某人。只要达到澄清事实的目的就行了，不要有报复的心理。否则，反而可能达不到目的。

第二，通过“中间人”传话来终止对方的敌意。如果可能的话，不妨以向你透露信息或双方都能接受的人为“中间人”，通过他们代为传话，以化解或中止敌意。这可以达到两个目的：一是把自己的想法和事实告知对方，起到澄清真相、消除误会、促进沟通的作用；二是让对方知道，已了解到对方的所作所为，从而起到警示作用，使对方有所收敛。

第三，注意自我反省并激励自己。当得悉有人对你怀有敌意时，用不着愤愤不平。不妨对自己进行一番反省，想想自己平常在工作中、在与同事交往中是否存在不妥之处。在以后相处时，多几分谨慎，少说些容易引起误解的话，避免授人以柄。这样一来，就有助于你在人际交往中更为成熟、稳妥，少些是非。假如某人对你怀有敌意，在某些问题上贬低你，企图使他人对你的能力、才华和业绩表示怀疑，你要做出的最好证明就是把工作做得更出色，而不是把时间和精力放在无谓的人际纠纷上。

换一个角度，站在对方的角度看问题，这是一个很好的方法，可以有效地化解对方的敌意。

## 避免争吵，给他人留面子

你知道当代人最在意什么吗？在最近的一项有趣的调查中，被问及这个问题的人几乎不约而同地回答是“面子”！人人都需要面子，也最怕失去面子。俗话说：“人要脸，树要皮。”面子是做人尊严的一种外部表现，任何人都没有权利去贬低他人的自尊。所以，保住他人的面子，在某些情况下是非常重要的。别人出了错误以后，你要为他找借口，给他开一扇门，让他有台阶下，别人才会感激你。

中国人最大的特点就是爱面子，无论做什么事都会考虑自己的面子。面子到底是什么东西呢？面子说白了就是尊严。谁都希望自己在别人面前有尊严，被人重视，被人尊重。因此，我们在与人交往时，为自己争得面子的同时，也别忘了给别人留些尊严，这一点非常重要。每个人都有自己的脸皮观念，这关系到自己的尊严和地位。但很多时候，我们常常无情地剥掉别人的面子，伤害了别人的自尊心，抹杀了别人的感情，却又自以为是。扪心自问，这种心理是多么浅薄，这种心胸是多么狭窄啊！

人，只要他不是独自生活在地球上，还需要与其他人打交道，就需要一种东西——“面子”。尤其是男人，更需要面子。面子维护着男人做人的尊严，也让男人的虚荣心得以恶性膨胀。有时，男人甚至到了“死要面子活受罪”的地步。

一日，几个朋友家人聚会。就在寒暄敬酒之时，陈太太脱口对着邻座的张太太说：“还是你老公会赚钱，我老公每个月的收入还不到你老公的一半呢！”当时，在旁的陈先生一听老婆竟然如此“率直”，立即脸色大变，只因自己是被请的主客之一，为了不让当时的场面太尴尬，马上就站起来：“我的车子暂停在路旁，可能会被拖走。我去停一下车，待会再回来。”陈先生说完就离席，当然就是一走了之。所谓去停车，只不过是一个离开的借口而已。

留面子是一种语言艺术。其实，陈太太完全可以这么说：“恭喜张太太，你老公越来越会赚钱了，哪天让我老公向他请教请教发财之道。但是，在其他方面，可能要你老公向我老公学习喽。”这么一说，自然皆大欢喜。

人就是这样，都爱面子。你给别人面子，就相当于承认别人比自己尊贵，比自己有面子。他一旦领了情，日后也一定会对你做出相应的回报。可以说，这是人际交往中不可或缺的规则。反过来，一个蔑视的眼神，一种不满的腔调，一个不耐烦的手势，都有可能带来极为不利的后果。永远不要说这样的话：“看着吧！你会知道谁对谁错的。”这和直接说“我比你聪明”差不多。这样说，实际上就是在挑战，在你还没有开始证明对方的错误之前，他已经准备要与你一争高下了，因为他觉得自己很没有面子。与其这样，我们为什么要给自己增加困难呢？为什么不肯把自己的面子扯下来奉送给对方呢？

人活在世上，饭是一定要吃的，面子也不能不要。但面子应该留多少，却不容易把握好那个度。把握得好，就是做人做得潇洒自在；把握得不好，总显得别别扭扭的不会做人。

即使我们很优秀，也千万记得给别人留些面子，这样我们才会得到别人的尊重。

## 帮助有讲究，小心他人自尊心

人的心理是很微妙的。有的人会认为，接受别人的帮助就意味着自己的无能。所以，他们在遇到困难时，尽管心里也非常渴望得到别人的帮助，却又不好意思公开接受。针对这种情形，我们在帮助他人时，就要充分考虑受助者的心理，顾及其面子和尊严，讲究方式和方法。

张山和李强一起在宾馆开会。排队进洗手间时，两人互相推让，请对方先进。最终，张山还是排在李强的后面。

方便之后，从未使用过感应式水龙头的李强起身到洗手池旁洗手。面对水龙头，他先扭后按再提，可就是不见水流出来。他有些纳闷：明明看见前面的人刚使用过，怎么突然就不灵了呢？

因为身后还有人等着洗手，李强急得额头上冒出了细汗。这时，正准备往外走的张山从壁镜中看到了李强的窘境，便转过身抠抠指甲缝，假装还没将手洗干净的样子，然后走近洗手池，将双手放在水龙头下面。两秒钟后，水自动流出来了。

张山的“示范”，让李强立即明白是怎么回事。事后，李强感激地说道：“当时，我们俩根本不认识，但他仍假装没将手洗干净，折回来给我做了一次示范。善解人意的他，照顾了我的面子，以一种润物无声的方式帮助了我。对此，我很感激！”

在日常生活中，谁都难免会遇到李强所遇到的尴尬情形。此时，作为旁观者，出面帮助化解尴尬当然值得称道，但如果不考虑方式，言行过于直接和暴露，就很容易引起更多的人对受助者的尴尬的关注，从而使其陷入更大的难堪。所以，润物无声，不动声色地给对方做“示范”，便成了此时的首选。面对李强不会使用感应式水龙头的情形，张山没有当着众人的面直接告诉他怎样使用，而是以重新洗手的方式做了一次“示范”，在他人没能察觉的情形下，及时帮助李强脱离了窘境。这种充分顾及受助者的心理感受和面子的帮助方式，无声地温暖着李强的心田，同时也彰显了张山的交际风范。

帮助他人维护“自尊心”，是获得他人好感的最佳策略。掌握帮助别人的技巧，使受助人不失尊严地脱离危难境地。这样做，既维护了他的自尊心，又强烈地刺激了他，让他从心底里对你十分感激，希望自己也能有帮上你忙的一天，以报答你对他的恩惠。

## 尊重朋友的隐私

尊重他人隐私，是尊重他人的具体表现。罗曼·罗兰说：“每个人的心底，都有一座埋葬记忆的小岛，永不向人打开。”马克·吐温也说过：“每个人像一轮明月，他呈现光明的一面，但另有黑暗的一面从来不给别人看到。”这座埋葬记忆的小岛和月亮上黑暗的一面就是“隐私地带”。有的人在交朋友时，随便侵入朋友的隐私地带。他们认为，朋友之间应该推心置腹、坦诚相见，不存在什么隐私。抱有这种观点并侵入朋友隐私世界的人是不可能交到朋友的，而且还会伤害别人。不错，朋友之间是应该推心置腹、坦诚相见，但在隐私问题上，这一道理是行不通的。如果要交朋友，就不要侵入朋友的隐私世界。

事实上，对隐私权的保护，我国早已有之。古代圣贤大儒均视其为人性的基本部分，对其极为尊重。从我国的建筑风格来看，无论是王侯豪宅，还是百姓草堂，外皆有高墙围护，内设院落分隔，既有曲径相通，又有门窗相隔，无非是给人一个相对幽静、自由的空间，免受烦扰，放松身心，这不就是在保护隐私吗？

汉朝的张敞是一个高官，与妻子非常恩爱，还常常为妻子画眉，一时在京师长安传为佳话。但伪道学先生认为“有伤风化”，竟向皇上告了御状，想让皇帝摘下“道德败坏”的张敞的乌纱帽，以“匡正世风”。但皇帝并不听伪道学先生的使唤，他不仅未责怪张敞，反而当着文武百官的面说：“画眉是夫妻间的事，我管不着。夫妻间还有比画眉更亲密的事，我也去管吗？”显然，这是在保护张敞的隐私。

友满腔忧愁时，找你倾诉和宣泄一番，这是他对你的充分信任。在这种情形下，你最好耐心聆听，并冷静地为他分析，帮他调整情绪，平缓一时的冲动。但最为关键的一点是，在聆听之后，要尊重朋友，切不可泄露他的隐私。

朋友之间，关系即使再亲密，也都会有一些不愿让对方知道的隐私。我们与朋友相处时，对朋友的隐私要给予绝对的尊重，不能认为这是朋友对你的隐瞒而千方百计地探问。否则，你很可能与朋友产生间隙，甚至导致关系破裂。

当你碰巧获知了朋友的隐私后，切莫将它作为谈资，广泛散布。毕竟，每个人都有自尊。一旦这层保护膜被你捅破之后，你将落个“小人”之名。这时，最好的办法就是装糊涂。

# 第五篇

# 了解对方需求的心理策略

我们每个人都有自己的需求，做事往往过于强调自己的需求，而忽略或不顾及他人的需求，这样反倒无法实现自己的需求。要想建立成功的人际关系，就要具备能捕捉对方观点的能力，并能兼顾对方的不同角度。能设身处地为他人着想，了解别人心里想些什么的人，永远不用担心未来。要想钓到鱼，得问鱼儿想吃什么。

## 预测他人的需求

在一般情况下，人们习惯运用马斯洛的理论分析心理需求的层次。美国心理学家马斯洛在1943年提出了“需求层次论”，这一理论诞生至今，已经成为分析人们心理需求的主要理论。这一理论把人类各种各样的需求归结为五大类，并依照先后顺序分为五个等级。

第一，生理需要。这是人类最原始的基本需求，包括饿、渴、性和其他生理机能的需要。这些需求如不能得到满足，人类的生存就成问题。因此，生理需求是推动人类行为的最强动力。马斯洛认为，在一切需要中，生理需要是最优先的。这意味着，在某种极端情况下，如一个人生活上的一切东西都没有的情形下，他主要的动机就是生理的需要，而不是别的。一个缺少食品、安全、爱和尊重的人，很可能对食品的渴望比别的东西的渴望更为强烈。

第二，安全需要。当一个人的生理需要得到满足之后，就想满足安全需要。在普通情况下，在一个和平的社会里，“健康的成人，他的安全需要基本上是得到满足的。一个和平、安宁的社会，经常使得它的成员感觉很安全，不会有禽兽、极寒极暖的温度、犯法、攻击、独裁等的要挟”。但是，假如一个人处于一个不安宁的社会中，那么他的安全需求就会很强烈，他会要求有就业的保障，有年迈或生病时的保障等。

第三，爱（社交）的需求。如果生理需要和安全需要都已满足了，就会产生爱、情绪和归属的需要。显然，我们可以把马斯洛的这部分观念理解成两个方面。一方面是爱的需要，即人皆盼望伙伴之间、同事之间的关系融洽或者坚持友情和虔诚，期望得到爱情，爱别人和被别人爱。另一方面是归属的需要，即人有一种归属感，希望归属于某一团体或集体，希望成为其中一员并互相关心和照料。

第四，尊敬的需求。社会上一切的人（病态者除外）都期望自己有稳固的、坚固的地位，盼望他人的高度评价，需要自尊、自爱或为别人所尊敬。坚固的自尊心意味着树立在实践才能之上的成绩和别人的尊重。这种需要可分成两类：一是在面临的环境中，盼望有能力、有成绩，能胜任，以及要求独立和自在；二是要求有声誉或权威（可看成别人对自己的尊敬）、赏识、关怀、器重和高度评价。自尊需求的满足使人感到在这个世界上有价值、有实力、有能力、有用途。而这些需要一旦受挫，就会使人产生脆弱感、无能感，从而使自己失去对未来生活的信念，要么便祈求补偿或趋向于精神病态。

第五，自我实现的需求。自我实现即“是什么样的角色就应当做什么样的事”。音乐家必须吹奏音乐，绘画家必须画画，诗人必须写诗，这样才会使他们得到最大的满足。自我实现的需求的产生，有赖于前面四种需求的满足。我们可以将这些需求都得到满足的人叫作根本满足的人。

那些总能领会对方意图的人请求别人办事之前，就能找到很多能够满足他需求的机会。一个聪明人是根本不用特意找机会去谋得利益的，因为对他来说，好处自己会送上门来，而不用劳烦他张口要求。

不久前，在纽约有一场十分简单和偶然的谈话，它促成了广告史上最大的一次合作。

威廉·约翰斯是乔治·巴滕公司的经理。一天，他随口对巴顿·德斯廷·澳斯本公司的副经理德斯廷说了一句十分有效的话。

约翰斯的话让很多机器有了使用的机会。可在当时，他只是提了一下对方可以合并的理由而已。后来，德斯廷说，当时约翰斯说：“前天晚上，我发现我们两家公司的经销处在客户方面并没什么实质性的冲突。”

德斯廷问：“你什么意思？”

“啊，其实，这和你没什么关系。”约翰斯边说边笑着走开了。

此后的几个星期里，他们都没有交流。

实际上，约翰斯看似随意的话已经让德斯廷十分上心了。

约翰斯是在建议两个公司合并吗？德斯廷想仔细研究一下。于是，在两人第二次会面时，规模宏大的合并——成立巴滕·巴顿·德斯廷及澳斯本股份公司，就在第一个论题下开始仔细讨论了。

在这次合并中，约翰斯采用了一个多年前拿破仑经常使用的妙计，这是人们十分熟悉的。约翰斯抓住了对方的感觉，使这次合并得以顺利进行。他不动声色地提出了一个要点，又用一些微笑将意图掩盖起来。就在这个过程中，对方已经接收到他想要传达的信息。约翰斯的目的十分明确：他想在正式提出自己的建议之前摸清他人的想法。

也许我们不能准确地预测他人对于一个新的建议的回应，我们所能做的最多是按常理猜测一个结果。可是，如果我们总是按照这样的猜测做事，肯定会吃亏。在此建议，你可以通过以下方式预测对方的真正需求：一是通过拜访和交谈，了解对方的初步需求；二是通过调查，了解对方的真正需求；三是通过双方更深的沟通，掌握对方的需求。

驾驭他人的策略就是：揣测并牢记他人的需求，然后想办法满足他。

## 仔细观察，用心判断

每个人都是有需求的，有大需求、有小需求，有长远需求、有当前需求。有时，人的需求还是重叠的，如同时有大需求、小需求。但最重要的是人的当前需求，因为人需要生活下去。人的当前需求影响着人的工作、生活、沟通、言语、态度等大大小小的方面。那么，它如此重要，我们如何来快速了解各式各样的人的当前需求呢？答案是——观察。观察他的穿着、表情、眼神、动作、言语等。通过这些来明确其内心的当前需求。这些办法是我们的推断，是我们的臆测。要想真正了解一个人，需要长时间地进行观察。但有这些臆测后，我们再通过进一步的考证，就能了解一个人了。如果没有这些臆测，我们便无法准确地判断一个人，便无法与其沟通，无法办好一些事情。

第一，穿着。穿着很能体现一个人的精神状态。一个人穿着很讲究，往往说明他有一定的上进心，注意提升自己的层次。所以，一般来说，一个穿着讲究的人往往是注重生活品质的人，往往是注重自身形象的人。

第二，表情。表情能体现一个人当前的生活状态。一个苦瓜脸的人可能是事事不顺心的人，一个表情悠然的人可能是事事顺心的人，一个不冷不热不笑不哭的人可能是经历了很多风雨的人。一个苦瓜脸的人，很需要各种各样的机会；一个表情悠然的人，很希望与人交流各种事情；一个不冷不热不笑不哭的人，需要的是别人长期的帮助。

第三，眼神。眼睛是心灵的窗户，最能反映别人的当前情况。眼睛带泪，表示遇到伤心不顺的事；定睛直视，表示对别人有所期望；眼神偏移，表示在想事情的另一面；眼神游离，表示不专心、不在乎。一个眼睛带泪的人，很需要别人的安慰和理解；一个定睛直视的人，很需要别人的见解；一个眼神偏移的人，很需要别人好好听他说话；一个眼神游离的人，很需要转换谈论的话题。

第四，动作。动作能表现一个人的能力、风范、品位。一个手能伸得较开的人，一般是能干大事，不婆婆妈妈，做决策的人；一个不动手或者缩手的人，是婆婆妈妈，不能做决策的人；一个身体晃动的人，是没受高层次锻炼，头脑简单的人；一个身体稳静的人，是用脑力的人。一个手伸得较开的人，需要你听他讲话，观察他，并与之争辩，但要保持低姿态；一个不动手或者缩手的人，需要你能多帮他出点子；一个身体晃动的人，需要你以优雅的方式与之交流；一个身体稳静的人，需要你好好表现自己的能力。

第五，说话。说话很能体现一个人的教育情况、职业情况。一个说话语速快的人，可能是心情激动，做事无思路的人；一个说话语速慢的人，可能是经验丰富的人；一个说话清晰有力的人，可能是从事管理工作的人；一个说话结巴的人，可能是从事基层工作的人；一个说话太多的人，可能是想表现自己能力的人；一个说话少的人，可能是不太动脑的人。一个说话语速快的人，需要你能了解他、理解他，并帮他厘清思路；一个说话语速慢的人，需要你能跟他提些新鲜事；一个说话清晰有力的人，需要你主动跟他说你做的一些事或遇到的一些困难；一个说话结巴的人，需要你能跟他谈一些精神生活方面的事；一个说话太多的人，需要你能附和他、认同他；一个说话少的人，需要你能多找些事让他做，或者和他一起做。

合作是双方的需求同时得到满足，这样的合作容易持久和愉快。

需求，既有物质方面的，也有精神方面的。最好能够了解到对方精神方面的需求，一旦满足对方的需求，对方也容易满足你的需求。

## 搞清对方的真正需求

真正的需求，不是表面的需求。就拿做生意来说，采购方的负责人也许希望的是采购失败，那么你和他谈成交就谈不下去。对我们来说，就是要搞清对方的真正需求。但是，对方未必会把自己的真正需求直接说出来，因为很多时候他们自己也未必知道。

我们每个人都有自己的需求，有些人做事往往过于强调自己的需求，而忽略或不顾及他人的需求，这样反倒无法实现自己的需求。能设身处地为他人着想，了解别人心里想什么的人，永远不用担心未来。了解对方需求是一个非常重要甚至是最重要的突破点。先去发觉别人需要的是什么，然后再去满足他的需求，如此你将无往不利。

也许有人会问，为什么要注意别人的需求？那多累啊！没错，你最关心的当然是自身的需求，但除了你自己，很少有人会对你的需求感兴趣。别人也跟你一样，只在乎自己的需求。试想，一个老师如果只知道讲授他认为重要的东西，而不了解学生需要的，学生会对学习产生兴趣吗？如果一个业务员只知道一味地推销产品，而忽略了顾客的需求，他成功的概率会有多少？如果父母、伴侣或上司只知道要求对方，却不了解孩子、配偶、员工需要的是什么，这样的关系会美好吗？

即使草地上开满鲜花，牛群也只会看到牧草。因为每个人最关心的是自身的需求，即便是一头牛也不例外，就跟你、我、任何人一样，最在意的就是自己。所以，销售最重要的就是看到别人的需求。每个资深的推销员都深知这个道理：如果不知道客户需求——客户希望什么、恐惧什么、喜欢什么、厌恶什么，交易就无法获得满意的结果。

要想钓到鱼，得问鱼儿想吃什么。一个钓鱼的人，虽然他喜欢吃的是冰淇淋，但他知道鱼爱吃虫，所以他会用虫做饵。假如钓鱼的人不去想鱼需要的是什么，他就会空手而返。

《红楼梦》里面的宝黛爱情为什么会失败？我们可以从竞争程度来分析。

黛玉的竞争者很多，获胜不易。相似的情况是：古代的宫女为了得到皇帝的青睐，那是进入“红海”，竞争惨烈，需要费尽心机。而田螺姑娘要得到庄稼汉，那是进入“蓝海”，成功唾手可得。从另外一个角度分析，黛玉没有认识到满足需求链条的重要性。宝黛双方都有强烈的交往意向，林黛玉得到了需求方的认可，但是需求方不是最终的决策者。在宝黛婚姻问题上，掌握决策大权的是贾母，掌握经济大权的是王熙凤。如果要成功，首先要过贾母这一关。而婚姻要风光体面，则要找王熙凤。因此，看一个问题，不能只看直接的逻辑关系，要从整个平面来看，甚至要立体地看，把立体的相关需求点都串起来。

每一个人都会有需求，而且都会为了满足需求而求助于人。一旦你能“看见需求，满足需求”，不成功也难。

## 别人的需求正是你的机会

如果说一个人身无分文，经过几桩买卖就可赚上千万美元，你会不会相信？但有人却真的这样做成了。他从一个信息入手，挖掘其中的潜在价值，并且以此为出发点，自己去创造商机，经过一环扣一环的生意，最终获得成功。

拉菲尔·杜德拉是委内瑞拉人，原是一家公司的职员，经常为生计问题犯愁。怎样实现自己成为富翁的目标呢？杜德拉一直思考着，也一直留意着……

有一天，杜德拉获悉，阿根廷打算从国际市场采购价值2000万美元的丁烷气。虽然财力不足，但他意识到这是一个难得的商机，很想接下这宗生意。他决定去阿根廷考察个究竟，看看这一信息是否属实。杜德拉到那里一打听，发现果有此事。于是，他开始盘算怎么争取到这笔生意。

此前，杜德拉从未接触过石油业，对该行业可以说是个“门外汉”，要做起来会有很多困难。经过多方面的调查，他发现这宗生意已有两位非常强大的竞争对手，一是英国石油公司，二是壳牌石油公司。这两个公司财雄势大，拥有丰富的石油经营经验。杜德拉知道，如果从正面与这两大竞争对手较量，无疑是“以卵击石”。于是，他决定采用侧面进攻的战术参与这2000万美元买卖的竞争。

为了找到一个好的方法，杜德拉再次对阿根廷市场做深入调查，发现这里的牛肉过剩，急于寻找出路。他反复思考，认为可以在这个问题上大做文章：如果自己能帮阿根廷推销过剩的牛肉，就可以促使阿根廷购买自己的丁烷气。

拿定主意之后，杜德拉来到阿根廷政府有关部门，并对他们这样说：“如果你们向我购买2000万美元的丁烷气，我便向你们订购2000万美元的牛肉。”阿根廷政府觉得杜德拉的条件优于其他竞争者，能解燃眉之急，便决定把采购丁烷气的投标机会给他，使他一下有了强大的竞争力。

接下来，杜德拉在寻找牛肉买家的过程中，获得这样一条信息：西班牙有一家大船厂，制造能力很强，却缺少订单，工厂处于半停产状态，西班牙政府十分关注。杜德拉认为，这条信息又是一个很好的机遇，便前往该国的有关政府部门游说。他表示："假如你们向我买2500万美元的牛肉，我便向你们的船厂订购一艘价值2000万美元的超级油轮。"这一条件对西班牙政府来说是求之不得的，因为他们本来就要进口大量的牛肉。于是，他们立即达成协议，并通过西班牙驻阿根廷大使馆与阿根廷联络，告诉阿根廷将杜德拉所订购的牛肉直接运往西班牙。

事实上，杜德拉在向西班牙推销牛肉之初，就已在物色购船的客户。最后，他找到美国的太阳石油公司洽谈。他对这家公司的老板说："如果你们肯出2500万美元来购买我的一艘超级油轮，我就向你们购买2000万美元的丁烷气。"太阳石油公司想，反正自己是要买油轮的，现在杜德拉能买他们的产品，条件是有利的，便欣然接受了。

最后，这宗一环扣一环的买卖终于实现了。杜德拉在这桩巨额的交易中，分文资本不出，却从中获取上千万美元的利润。

虽然买方与卖方永远存在，但他们的信息并不对等。也就是说，急于卖出的却可能一时找不到买家，而想要买的却又找不到卖主。这时，像杜德拉这样的牵线搭桥者便出现了，他通过自己所掌握的信息促成了多方的买卖成功。

商机无处不在，但它却不会平白无故地青睐于谁，更多的时候需要你去创造。

短缺是牟利的第一动因。空气不短缺，可在高原或密封的空间里，空气也会是商机。一切有用而短缺的东西都可以是商机，如高技术、真情、珍品、知识等。

# 第六篇

# 操纵话语权的心理策略

不管你是要发表一场公开演讲，要拿下你的客户，要说服你的上司，要征服你的下属，还是要说服你的家人或朋友……你是不是常常考虑怎样才能一下子把话说到对方心坎里，让他人听从你的建议，甚至积极为你效力？这就需要了解说话的技巧。话语操纵意味着谈话者一开口就能抓住对方的注意力，在谈话过程中巧妙地引导对方，悄无声息地突破对方的心理防线，而不是漫不经心地直抒胸臆，不管面前的人是茫然地随声附和，还是早已神思天外。

## 一开口，就讨人喜欢

美国早在20世纪40年代，就把“口才、金钱、原子弹”看成在世界上生存和发展的三大法宝。60年代，人们又把“口才、金钱、电脑”看成最有力量的三大法宝。其中，“口才”一直雄踞三大法宝之首，足见其作用和价值的重大。

口才是人与人之间交往的助推器，任何人都不愿意给人留下难以交往的印象，谁都不希望自己孤独地生活在世界上。就算是那些冷漠、寡情之人，他们也在不断地追求一种通道，达到与他人的和谐的交流和沟通。

在当今社会，多交朋友似乎已经成了一种时尚。那么，你如何成为引领这种时尚潮流的人呢？重要的是你要有一副好口才，一开口就让别人喜欢你。世事难料，许多变化都出乎意料。在遇到各种特殊情况时，若不能遇势转换，整个场面都会陷入尴尬的境地。但若能镇定借用环境，巧妙说话，一定会取得出奇制胜的效果。

世界上没有人会拒绝溢美之词，再标榜自己不受吹捧的人，也会在“糖衣炮弹”的狂轰滥炸之下举手投降。孔子曰：“巧言令色，鲜矣仁。”但是，在这个时代，不巧言，不令色，并不能彰显你的仁德，有时反而凸显你的不识时务。经验告诉我们：捧人不是万能的，不捧人却是万万不能的！

会说话就是揣摩着对方的心理说，顺着对方的感情说，摸着对方的好恶说。对方爱什么、恨什么，喜欢什么、讨厌什么，都弄清了，说话也就有了方向，有了目标，有了依据。因此，如何把话说得美，说得好听，说得感人，并且说得恰到好处，就成为说话的重中之重。

有一位身材肥胖的顾客问书店售货员：“有《如何减肥》这本书吗？”

“对不起，太太，刚刚卖完。您要同一位作者写的《如何增肥》吗？”

“你拿我开玩笑吗？”

“绝非开玩笑，太太，只要您按照书中的建议反其道而行之就行了。我有一位朋友，她长得比您胖多了，就想买一本减肥方面的书。当时，我就把这本《如何增肥》的书推荐给她。想不到，两个月后再见到她时，她居然瘦了十公斤。”

这位售货员用自己的“三寸不烂之舌”完成了一项不可能完成的“任务”——把增肥的书卖给了一个胖姐，由此可见口才的重要。

《红楼梦》中有这样一个情节：一次，众人同在园中赏桂。贾母说起小时候跌了一跤，鬓角上留下了一个蹦破的“坑儿”。只见凤姐不等众人说话就先笑道：“可知老祖宗从小儿福寿就不小，鬼使神差地蹦出个‘坑儿’来好盛福寿啊！寿星老儿头上也原是个坑，因为‘万福万寿’盛满了，所以倒突出些来了。”未及说完，贾母与众人都笑软了。

贾母说：“这‘猴儿’惯得了不得了，也拿着我取笑起来了，恨不得我撕你那油嘴！”

凤姐说：“刚才吃了螃蟹，怕存住冷在心里，怄老祖宗笑笑儿，就是高兴多吃两个，也无妨了。”

贾母说：“明日叫你黑家白日跟着我，我倒常笑笑儿，也不许你回屋里去。”

王夫人接口说：“老太太因为喜欢她，才惯得这样，还这么说，她明儿越发没礼了。”

贾母说：“我倒喜欢她这么着……”

真是艺高人胆大，敢拿老祖母头上的伤疤开玩笑！众人同赏月桂，心情自然不错。人在心情好时，自然越发能宽容。更重要的，贾母年事已高，其心当然希望万福万寿。凤姐投其所好地说老祖宗的伤疤“原是蹦出来盛福寿的”，并巧联“寿星老儿头上原本也是个坑，因万福万寿装满了才突出来”。这种得体的恭维实在是巧到了极点。当贾母假装生气骂她时，她便进一步表白说这调笑“原是为着吃螃蟹不存住冷在心里”——真是关怀、体贴之至，好一位有孝心的孙媳妇！貌似不恭寻开心，其中却蕴含着对老祖母的一片孝心，难怪婆婆责怪她无礼时，祖婆婆倒要给她护短了。

在许多情况下，实话是要说的，却应该“巧说”！如何才能把实话巧妙地表达出来，说得既让人听了顺耳，又让人欣然接受？

有这样一个例子。一次事故中，主管生产的副厂长老马左手指受了伤，被送往医院治疗。厂长老丁来病房看望时，谈到车间小吴和小齐两个年轻人技术水平较强，但组织纪律观念较差，想让他们下岗一事。老马当时没有表态，只是突然捧着手“哎哟哎哟”大叫。

丁厂长忙问：“疼了吧。”

老马说：“可不是，实在太疼了，干脆把手锯掉算了。”

老丁一听忙说："老马，你是不是疼糊涂了，怎么手指受了伤就想把手给锯掉呢?"

老马说："你说得很有道理。有时候，我们看问题，往往因注重一方面而忽视另一方面。老丁，我这手受了伤需要治疗，那小吴和小齐……"

老丁一下子听出老马的"弦外之音"，忙说："老马，谢谢你开导我。小吴和小齐的事，我知道该怎么处理了。"

老马把"手有病需要治疗"类比"人有缺点可以改正"，进而巧妙地把"用人"和"治病"结合起来，既没因为直接反对老丁伤了和气，而且又维护了团结，成功地解决了问题，不能不说是一个巧妙的回答。

要想使自己在各种人际交往中八面玲珑，春风得意，游刃有余，一定要记住八个字：实话巧说，坏话好说。

## 赞美让你更受欢迎

美国心理学家威廉·詹姆斯说：“人类本性上最深的企图之一是期望被赞美、钦佩、尊重。”赞美是一种高效沟通顺利进行的有效良方，是交流双方互动的润滑剂。一句赞美，立竿见影地消除了陌生；一句赞美，给人以力量；一句赞美，给人以鼓励；一句赞美，也许能帮助他人渡过难关；一句赞美，也许能换来友谊、合作、财富。所以，聪明的人一定选择这种低成本、高回报的投资方式。但是，令人痛心的是，在当今社会中，懂得赞美别人的人似乎越来越少，而孤芳自赏的人倒是大有人在。有些人对别人的优点视而不见，甚至把善人当傻子、把善举当笑料。这完全是一种不应该出现的社会现象。无论到什么时候，赞美都应该是一种美德。

生活中，没有一个人不愿听到赞美之声、溢美之词。赞美是对对方优良品质、能力和行为的一种语言肯定，实质上是人们对待世界的一种健康心态，是处理人际关系的一种积极态度。古今中外，无论是过去、现在，还是将来，赞美都是极具效率的人脉语言。我们身边的每个人，当然也包括我们自己，都希望受到别人的赞美，希望自己的价值得到肯定。这绝不是虚荣心的表现，而是渴求上进，寻求理解、支持与鼓励的表现。所以，我们应当把别人渴望、自己也渴望的东西献给对方，这才是真正的慷慨大方。

卡耐基小时候是一个公认的坏男孩。在他 9 岁的时候，父亲把继母娶进家门。当时，他们还是居住在乡下的贫苦人家，而继母则来自富有的家庭。父亲一边向继母介绍卡耐基，一边说：“亲爱的，希望你注意这个全家最坏的男孩，他已经让我无可奈何。说不定明天早晨以前，他就会拿石头扔向你，或者做出你完全想不到的坏事。”出乎卡耐基意料的是，继母微笑着走到他面前，托起他的头，认真地看着他。接着，她回来对丈夫说：“你错了，他不是全家最坏的男孩，而是全家最聪明、最有创造力的男孩。只不过，他还没有找到发泄热情的地方。”继母的话说得卡耐基心里热乎乎的，眼泪几乎滚落下来。就是凭着这一句话，他和继母开始建立友谊。也就是这一句话，成为激励他一生的动力，使他日后创造了成功的 28 项黄金法则，帮助千千万万的普通人走上成功和致富的道路。在继母到来之前，没有一个人称赞过他聪明。他的父亲和邻居认定：他就是坏男孩。但是，继母就只说了一句话，便改变了他一生的命运，激发了卡耐基的想象力，激励了他的创造力，帮助他和无穷的智慧发生联系，使他成为美国的富豪和著名作家，成为20世纪最有影响的人物之一。

看了这个故事，也许有人会说，赞美真的有如此的力量吗？可以恳切地说，的确如此，赞美的力量就是这样强大。人向来注意外界对自我的评价，这种外界评价有助于创造良好的情境和情绪，从而有利于事情尽快解决，让人心情舒畅。正如马克·吐温所说的："一句美好的赞语可以使人多活两个月。"从这里足以看出赞美力量之大了。当然，随着我们的成长，或许我们已经不会为了别人的一句赞美而彻夜不眠。但是，我们听到赞美时的美好感觉并不能抹去。在潜意识里，我们都渴望别人的赞美，这是每个人都会有的渴望。由此及彼，别人也渴望我们的赞美。所以，我们要学会真心诚意地去赞美他人。

那么，在赞美时应当注意什么呢？

首先，赞美要真诚。赞美绝不是虚伪，一定要真诚。对别人的赞美要客观、有尺度、出于真心，而不是阿谀奉承、刻意恭维讨好，这样往往适得其反，会引起别人反感。赞美之词是对别人成绩的肯定，会使听者感悟到自己存在的价值，激发他努力去做出更大的成就。与此同时，自己也获得无限的快乐。如果你的赞美不带有真诚的意味，你的赞美就只能说是徒劳，甚至会使对方产生异样的感觉。比如，你的一个朋友把事情搞砸了，你却"不失时机"地赞美道："你做得真好，我还做不到那个样子呢。"试想，这个时候，你的朋友会有被赞美的"美妙感觉"吗？

其次，赞美要新颖。赞美不要跟在别人后面，鹦鹉学舌，那样只能落入俗套，不会有新意。要善于挖掘，善于从独特的视角出发，察别人所未察，言别人所未言。只有这样，才能发现新亮点，才能有新意，才能给人留下深刻的印象。

再次，赞美要抓住时机。在恰当的时机表达赞美，才能获取最佳的效果。赞美需要在一定的语境里发生，不能纯粹为了赞美而赞美。要抓住关键的"字眼"去赞美对方，这样也就抓住了对方喜爱的话题、对方擅长或感到得意的地方。

最后，赞美要具体。笼统的赞美，让人感觉是在敷衍，讲客套话，会给人一种戴高帽的感觉，不会产生什么作用。赞美要力求具体，不能随便往别人身上套。你的赞美必须建立在对对方了解的基础上，必须是认真的。例如，说一个人演讲得很棒，远不如说："你的演讲非常有思想性，特别是那句……"对方会立刻体会到你对他演讲才华的真实肯定。

美国一位哲学家曾说："人类天性中都有成为重要人物的欲望。"这是人类与生俱来的本能欲望。人类天生有一种被人称赞的强烈愿望。所以，能否得到赞美，以及获得赞美的程度，便成为衡量一个人社会价值的尺度。正如威廉·詹姆斯所说的："人性中最为根深蒂固的本性是渴望受到赞赏。"

人人都渴望真诚的赞美，真诚的赞美赢得人心。

## 操纵语言，操纵他人

关于说话的技巧，这里列出八项原则。这八项原则，不但能使你了解对方，也能帮助你了解自己。如果你能切实地去实行，你便能得到加倍的力量。

第一，温柔的悄悄话，就是世间最有力量的话。它具有使人难以抗拒的说服力，并使人永远站在优势的位置。

第二，如果你想成为一位雄辩家，你就要随时注意并牢记别人所说的较有分量的话或有深刻印象的话，这才是最有效的方法。但这并非要你一味地去模仿别人而失去自我，而是希望你对于这类话语更加注意，养成习惯，以帮助自己建立属于自己的新语言。

第三，沉默是金。数千年前的一位希腊诗人曾说过："世界上没有比沉默更宝贵的东西了。"的确，这句话至今仍是为众人所信服的真理。沉默，就意味着用冷静的头脑观察对方。如果你能洞察他人的心思，你就能轻而易举地把对方吸引过来。沉默可以使态度不友善或蛮不讲理的人落入你预先准备好的陷阱里。对付顽固的人，以沉默的态度让他尽量发挥，他自然会逐渐不再坚持己见，转而要求你提出自己的意见。沉默使你不会说错话，不会做出虚伪与无意义的事情。对于对方来说，"静静地听"便是令他产生感激之情的最有效的办法。也许当时他正滔滔不绝、口若悬河，没有注意到你正以体谅的心情在听他诉说。但是，当他说话告一段落时，当他把心里要说的话说完时，他会感觉特别轻松，自然就会开始喜欢你，对你的沉默难以忘怀，并表示感激之意。话说完之后，便保持沉默，这就是最有效的说服力。

第四，面对表情严肃而僵硬的人，你不必害怕，反而要想：也许对方是为了隐瞒他的胆怯而毫无表情，是故作姿态，希望你先向他说话，表示和善之意。所以，你必须尽量向他表示好感，引起他的话题。当你这样做的时候，你一定会发觉彼此间的气氛越来越温暖，越来越融洽，而这是你训练说话的最佳场所，你可以使对方成为你最忠实的朋友。

第五，说话以让对方了解为最高原则，要能完整而清楚地表达自己的意思。否则，自己正感到困惑不安的人绝不会接纳你的意见或赞同你的见解。在你说话时，他人通常会以两种态度对待你，即理解的态度与评判的态度，这就是你自我评价的基准。“人往高处走”是千古不变的法则。所以，希望自我评价很高或使他人对你评价很高，就必须经常自问：“他现在赞成我，但他是否确实了解他将会得到的结果呢?”倘若对方赞成你是因为他已确实明晓其结果，那么，此时你的力量已经对他发生了作用，你就大可放心了。

第六，说话时，切勿太唐突或太客气，最好能营造出一个缓和而诚恳的气氛。

第七，对自己所要说的话，不必加以解释，或添加不必要的感情语句。有的时候，要避免滥用“请”“对不起”“谢谢你”等客气语，因为这会使你显得比较懦弱，不够强硬。太客气的话只能在必须讲的时候或者是不讲不足以显示文明素质的时候使用。

第八，当你说话时，必须将话题集中于一个目标，不要被一些细微的行为，或被对方反抗的态度所迷惑，要将所说的话当作推进目的的工具。

有一则寓言，是这样描述有“百兽之王”之称的狮子的：一日，狮子在草原上寻找猎物，发现一只斑马，便立即撒开四脚去追捕。而后又发现一只梅花鹿，它立刻放弃斑马，去追捕梅花鹿。而后又发现了羚羊、山羊、小羊等。只要看到新猎物，它就立即放弃旧猎物。追，又放弃，又追，又放弃，使它精疲力竭，却什么都没追到。最后，又看到了一只小白兔。这时，它想去追却已经无能为力了，小白兔轻易地在“百兽之王”的爪下逃脱了。

这个寓言很明白地告诉我们，即使是力量强大者，也要在追求某一目标时保持合理的连续性，否则将一无所获。任何人想要获得某些东西时，也必须具备意志坚强、精力集中与恒心等美德，才能达成自己的目标。我们试图让他人接受自己的意志时，也应该将说服计划建立在有系统、有目标的基础之上。当然，这并不意味着你必须显出严肃的神情，只有以从容的态度与轻松的心情去进行你的计划，才能收到预期的效果。

在与他人打交道的过程中，谁操纵语言的能力强，谁就可以做一个主动者。

## 拒绝之后，交情照样在

俗语常说："做人难，人难做。"尤其是当别人对你有所请求，而你因为办不到，不得不拒绝时，就更加为难。拒绝不当很容易令对方不快甚至恼恨，许多人就是因为拒绝不当而失去了朋友、得罪了领导、惹怒了合作伙伴。这就需要采取一些巧妙委婉的拒绝方式，既表达了自己的愿望，又将对方失望与不快的情绪控制在最小范围内，不影响彼此之间的人际关系。

一天，狄斯雷利把军官请到办公室里，与他单独谈话："亲爱的朋友，很抱歉我不能给你男爵的封号，但我可以给你一件更好的东西。"说到这里，狄斯雷利压低了声音："我会告诉所有人，我曾多次请你接受男爵的封号，但都被你拒绝了。"

狄斯雷利说话算数，他真的将这个消息散布出去。众人都称赞军官谦虚无私、淡泊名利，对他的礼遇和尊敬远超过任何一位男爵。军官由衷感激狄斯雷利，后来成为他最忠实的伙伴和军事后盾。

狄斯雷利首相在拒绝军官的升职要求时，没有引起对方的反感，相反却获得对方的好感，原因何在？

狄斯雷利没有给对方一个冷冰冰的回答——"不"，更没有讥笑和嘲讽对方，他传递给对方的是"友情"：让对方明白，自己的要求虽未被满足，但长远利益（声誉）得到首相的维护——这是比升职更好的东西。

狄斯雷利善于使用特别的"语言武器"，他在拒绝对方不当要求的同时，给足对方面子，这就是狄斯雷利的巧言说"不"的高明之处。那么，我们如何才能做到在拒绝别人之后仍留有交情呢？这里就介绍几种拒绝的技巧。

第一，要以非个人的原因作借口。拒绝他人，最困难的就是在不便说出真实的原因时又找不到可信而合理的借口，那么，不妨在别人身上动动脑筋。

第二，明确表示你很愿意满足对方的要求。当别人请求你的帮助时，在力所能及的范围内，我们会尽量给予帮助。但若我们无能为力时，也不要急于把"不"说出口，而要耐心地听他把自己所处的困境说出，然后先对他的信任表示感谢，并说明自己很乐意为他效劳，然后再含蓄地说明自己爱莫能助的困难。那么，对方绝不会因此而生气。如果你当场就给予拒绝，那对方就会觉得你丝毫没有帮他的意思，认为你是个自私、缺乏同情心的人。

第三，要让他人了解到你的苦衷和歉意。要尽量避免使用一些模糊话语来回答，这种讲法或许你认为是表达了拒绝之意，可有所求的一方很可能会以为你在为他想办法，这样一来，反而耽误了他人的时间。所以，拒绝时不能使用带有模糊字眼的语言，而应以诚恳的态度委婉地说出自己拒绝的理由，使对方了解到你的难处，他也就不会再强求。可以说，这种方法是很成功的。

第四，态度要和蔼，语气委婉。拒绝他人，不能在他人刚提出要求时就断然拒绝，也不能藐视对方，摆出永不妥协的态度。要用委婉、友善、真诚的语言和亲切和蔼的态度拒绝他，这样才会让人接受。

第五，在拒绝的同时说明还应做些什么。当别人还没有能力做某事，而请求你给予帮助时，我们不妨告诉他还要经过哪些努力，才能达成所愿，让他始终怀有希望。这样一来，你的拒绝就会变得微不足道，也会让他觉得你时刻在关注他，也会因此而对你产生感激之情。

第六，要给对方一个台阶下。拒绝他人，要给他人留足面子，要让他有台阶下。这就要求我们不能将拒绝的话说得太死，让人感到无地自容。

拒绝别人并不是一语就将别人关在门外，还需要把感情留住。

# 第七篇 商战中的心理策略

现代激烈的市场竞争可谓风云莫测，变幻无常，明争暗斗诡秘奇异，各式各样的巧谋奇计令人眼花缭乱，许多商场老手就因一招不慎而满盘皆输。因此，所有的商家都明白一个道理：想在商战中取胜，如果不懂得商战谋略，最终只有失败。要了解、掌握并运用好各种商战战术，首先要对商战心理战术有所研究。

## 给客户留下美好的“第一印象”

我们只有一次机会创造“第一印象”。“第一印象”的好坏，在很大程度上决定了未来销售的成败。所以，销售人员在和客户见面时，赢得客户的好感至关重要。

首先，要给客户良好的外观印象。得体的服饰、适当的语言，都会给客户留下良好的“第一印象”。要有理有节，赢得尊重。在这里，需要特别说明的就是交换名片。名片一般应放在衬衫的左侧口袋或西装的内侧口袋，也可以放在随行包的外侧，尽量避免放在裤子的口袋里。出门前，要注意检查名片是否带足。递名片时，应注意将手指并拢，大拇指夹着名片以向上弧线的方式递送到对方胸前。拿名片时，要用双手去拿。拿到名片时，应轻轻念出对方姓名，以让对方确认无误。拿到名片后，仔细记下并放到名片夹的上端夹内。交换名片时，销售人员也可以右手递交名片，左手接拿对方名片。

在与客户交谈的过程中，要密切关注客户的情绪变化，同时要尽可能多地记住客户，并能说出客户的名字。销售人员在面对客户时，有时候通过巧妙的奉承让其体会到优越感也是一种获得好感的策略。此外，销售人员要学会利用小赠品赢得客户的好感。按照常规，在厂家业务人员第一次上门拜访经销商时，自然不能空着手去，得带上些东西，比如以下物品：名片，企业介绍资料，产品资料，价格表，市场启动方案，合同样本，样品等。按说这也没什么错，第一次见经销商，总要做些准备，尽量全面地向经销商介绍自己的企业。但是，厂家的角度就是厂家的角度，你们考虑过经销商老板看到厂家业务人员带着这些东西的时候，会想到些什么吗？

当厂家业务人员第一次见经销商时，就把这些东西都带上，并展现在经销商面前的时候，经销商很快就能产生这样联想：这个厂家很想找我合作，东西都准备得这么齐全，那么，我得拉拉架子，问问他们都肯付出些什么，市场风险如何承担。于是，经销商在夸耀一番自己在当地市场的实力后，便会问厂家的业务人员：你们厂家能承担哪些费用？能铺底吗？能退换货吗？

能把整个省都给我吗？能给我派驻人员支持吗？能承担促销员费用吗？……

这些话放出来后，厂家业务人员只能左一个摇头、右一个摇头。这时候，再对经销商强调什么广阔的市场发展空间，恐怕就苍白无力了……

当你在进入一位潜在客户的办公室时，给他留下的印象在很大程度上会直接决定你受到的待遇。留下一种良好的“第一印象”是很重要的，否则，以后要改变你潜在客户对你的评价，你就不得不付出更多的宝贵时间及精力。除非你给他留下了美好的印象，否则，他是不会和你做生意的。有些推销员在和潜在客户谈话时，往往会带着歉意，其表情就像在奉承客户一样。比如：“对不起啊，占用你宝贵的时间。”这样的表情会给客户留下这样的印象：他们没有什么重要的事情，他们对自己公司的产品没有自信。

在接近客户时，走路、说话和行动不但要表现出你是一个自信的人，而且还要表现出你是一个相信并完全了解自己业务的人。你的行为方式应该体现出这种职业性的特点，表现出充分的自信，是对你能力、你的诚实和正直以及你在业务知识方面的自信。单纯职业性的自尊就可能帮助你留下美好的印象，并赢得别人的尊重，并使你有机会以一种巧妙的方式发挥你的作用。

在接近潜在客户时，不要有任何的疑虑和特殊的奉承之词，也不要表现得缩手缩脚。你的自我介绍是一个开端，也是你成功的第一步。如果你开始就能给人留下十分满意的印象，你获得成功的可能性就会大得多。

## 搞定客户，无往不“利”

商场如战场，销售已经成为企业生存的重要砝码，如何成功有效地提高销售业绩已成为企业面临的一道难题。如何深刻了解客户需求，敏锐洞察市场态势，变被动为主动，抓住每一个可能的销售机会，就成为销售人员的生存之本。一个业务员每天要面对不同的客户，就要用不同的方式去谈判。只有不断地去思考、去总结，才能与客户达成最满意的交易。

以下三步可以帮助你轻松搞定客户：

第一步：分析客户的性格

性格是指一个人经常性的行为特征以及适应环境而产生的惯性行为倾向，往往可以左右一个人的处事风格。只要你稍加注意，就能轻松分辨出客户属于哪种性格。

一是自命不凡型。这类人喜欢听恭维的话，你得多多赞美他，迎合其自尊心，千万别嘲笑或批评他。

二是脾气暴躁，唱反调型。对付这类人，你要面带微笑，博其好感，先承认对方有道理，并多倾听，不要受对方的“威胁”而再“拍马屁”。宜以不卑不亢的言语去感动他，让他在你面前自觉有优越感。

三是犹豫不决型。这类人在冷静思考时，脑中会出现否定的意念。要取得对方的信赖，宜采用诱导的方法。

四是小心谨慎型。要迎合他说话的速度，语速尽量慢下来，才能使他感到可信。

五是贪小便宜型。以女性多见，多给她们一些小恩小惠即可搞定。

六是来去匆匆型。称赞他是一个活得很充实的人，并直接说出产品的好处。要抓重点，不必拐弯抹角。只要他信任你，这类人做事通常很爽快。

七是经济不足型。让他对产品感兴趣，但对方又拿不出现钱。这时候，就要想办法刺激他的购买欲望，和同来的人做比较，使其产生不平衡的心理，也可以让他分批购买。

第二步：投其所好，寻找共同点

在确定客户的性格后，在谈话时就要找到与客户的共同点，运用投契合拍的沟通之道，从而达成有效的沟通。为此，我们要做到与活泼型客户一起快乐，表现出对他们个人有兴趣；与完美型客户一起统筹，做事要周到精细、准备充分；与力量型客户一起行动，讲究效率和积极务实；与和平型客户一起轻松，使自己成为热心真诚的人。

第三步：掌握步步为赢的谈判技巧

作为市场营销人士，每天和不同对象进行的沟通交流、协商协调，实质上就是不同形式的销售谈判。虽然销售谈判的时间、地点、内容、级别、规模、形式、对象不同，但其中不乏共同之处。

一是通过谈判加强双方或多方的沟通，加深了解。在化解矛盾和分歧的基础上达到共识，以实现交易或合作的目的。

二是这种短兵相接的沟通交流，力争在交易和合作中实现自身利益的最大化。

三是谈判中许多谋略的设计和实施，都是在面对面的情况下进行的。即使是谈判前制定了一些必要的原则，谈判中也要根据情势的变化而变化。所以，又把销售谈判称为面对面的谋略。为此，要想掌握销售谈判的主动权，就必须运用一些必要的谈判技巧。销售谈判具有灵活多变的特征，不可能有一个一成不变的公式，但也有一些共性的基本技巧。如能灵活运用，可能会对参与销售谈判有所帮助。

如何对不同的患者进行产品推广，看其属于哪种类型的人，就可以对不同类型的客户采取不同的措施，做到“有的放矢”，从而起到事半功倍的效果。

稳住客户对于销售人员来说，是一门学问，也是一门艺术。找客户不难，搞定客户才是关键。

## 如何永远赢得客户

为了赢得顾客，在商场中，你不断打价格战，提高产品的质量。可是，顾客依然会跑向竞争对手的怀抱。于是，你使出浑身解数也不能安抚失望的顾客，只能眼睁睁地看着口碑受损、利润下降。这是因为，你不知道赢得客户的心理策略。

不管今天在市面上有多少种叫不出名字的产品或服务，人们之所以愿意拿辛苦赚来的钱去换取，是基于下面两个理由：一是愉快的感觉；二是问题的解决。把心思放在顾客所需要和想要的东西上，帮助他们做最好的选择，让他们心满意足地离去。这个道理适用于每个人，无论是否从事销售的工作，都要让帮助顾客成为你工作中的首要信条，日日信守不渝。

以下关键时刻的应对策略，有助于将一般人化为顾客，将顾客化为事业上终身的伙伴。

第一，永远把自己放在顾客的位置上。你希望如何被对待？上次你自己遇到的问题是如何得到满意解决的？把自己摆在顾客的位置上，你就会找到解决此类投诉问题的最佳方法。

第二，多说“我们”，少说“我”。销售人员在说“我们”时，会给对方一种心理暗示：销售人员和客户是在一起的，是站在客户的角度想问题。虽然它只比“我”多了一个字，却多了几分亲近。北方的销售人员在南方工作就有些优势，北方人喜欢说“咱们”，南方人习惯说“我”。

第三，每日工作之前检查一番。顾客对你的第一个印象，大部分取决于你的服装仪容、言谈举止以及五官所能感觉到的一切。因此，你要把每天工作之前必须检查的项目列表逐一核对，务必给顾客一个好印象。首先，从自身开始，是否睡眼迷蒙？是否衣着整洁？有无口臭或汗臭？个人名片及资料是否干净无损？办公桌是否清洁有序？你和办公室其他同人是否在外观和内在都做好了给顾客一流服务的印象？其次，你还得从顾客的角度，对有关的一切做一番审视。如果你能做好上述事宜，就无异于让自己掌握住关键时刻的每一个可能的机会，使你和顾客彼此获益。

第四，不要放弃任何一个不满意的顾客。一个优秀的销售人员非常明白：顾客的主意总是变来变去的，问他的喜好，把所有的产品介绍给他都是白费力，刚刚和他取得一致意见，他马上就变了主意要买另一种产品。向客户提供服务也是一样的：有时五分钟的谈话就足以使一个牢骚满腹并威胁要到你的竞争对手那里去的客户平静下来，并同你签订一份新合同。

第五，问话要切题。如果你不知道顾客的需求和问题，就对他无能为力。最简单的方法便是和他交谈。先从使顾客不觉得有压力但有关的话题开始谈起，尽量鼓励他多说多讲。当他说到你有兴趣的话题时，要颔首同意，不仅表示自己专注在听，而且也可鼓励对方谈得更起劲。如果你不得不问起像“你打算花费多少钱来买”的敏感话，一定要和对方说明，你的用意是想知道自己能否帮得上忙。以下是一些合适的开头话：您希望用它做什么？您对敝公司产品和服务有多少了解呢？您希望我跟您如何配合？您希望何时取得？我们怎么做才能令您最满意？不管你问什么问题，一定要由衷表现出关切、诚恳、相助之情。

第六，听话要真切。在和顾客洽谈时，我们经常因太留意自己说的话而忽略对方话里的含意，平白失去许多宝贵的信息。一位优秀的听众不是光坐在位子上听对方滔滔不绝，而是能摒除一切杂念，全神贯注地听，找出对方话中的话。永远不要低估倾听顾客说话的价值，你务必学会其中的技巧。

第七，给予、给予再给予。在与客户的交流中，经常有顾客会问送什么、怎么送。顾客的问答反映了客户自身的需要和偏好。由此可见，一个好的开端是以为顾客提供给予开始的。应该时刻在想，能给予顾客什么？给予是一种服务，是一种说明，给予顾客他所关心的事物的说明。作为成功的销售人员，请牢记永远不要向顾客索取什么，哪怕是一种回答。永远记住：给予，给予再给予！

第八，感谢，感谢再感谢。要知道，对顾客说再多的感谢也不过分。但遗憾的是，“谢谢”“荣幸之至”“请”这类字眼在贸易中已越来越少用了，请尽可能经常地使用这些词，并把“谢谢”作为你与顾客交往中最常用的词。

请真诚地说出它，因为正是顾客、你、我和其他人才有了今天的这份工作。

你的形象、言语、态度直接影响着消费者的购买和对品牌的印象。然而，光有形象还不能获得消费者的喜欢和信赖。在商品经济的今天，要让顾客选择你、喜欢你、忠诚于你，除了形象，还要靠智慧，用心计。

## 谈判中的心理战术

谈判是一项艰巨、复杂的脑力劳动。在这个过程中，谈判人员的心理状态会对谈判的结局产生重要影响。良好的心理素质是谈判取得成功的重要条件。商务谈判不是“对敌斗争”，是寻求“合作”、是谋求“双赢”。谈判双方由于利益上的相互依存和相互抗衡，使得谈判人员在心理上要承受很大的压力。他们需要随时就某个谈判事项的具体典型特征和实质进展做出分析与判断，即使在谈判局势发生激烈变化，甚至在出现谈判僵局的情况下，也要控制自身的情绪与行为，以适当的语言和举止来影响和说服对方。

商务谈判是一场心理角逐战。在这场心理角逐战中，临场反应能力非常重要。那么，如何打赢这场心理角逐战呢？有经验的人士指出，要想赢得这场心理战，就要掌握人性心理在谈判中的各项反映，这样才能帮助你看穿谈判对手的伎俩，帮助你取胜。

有经验的人士指出，当谈判真正开始后，就进入心理角逐战。对于这场心理角逐战，谈判代表的临场反应很重要。要顺利达到自己的目标，就得掌握奇妙的人性心理，看穿对方的伎俩，避免吃亏。

第一，表明你不需要这笔生意。若对方问你，这笔交易对你来说重要吗？你会怎么回答？如果你说“很重要”，你就可以准备离开这场谈判了，因为你已落居下风。你应该斩钉截铁地告诉对方：“不会。我当然希望达成交易，但如果不成，还有其他对象可谈。”当然，不是要你表现出完全不在乎的样子，这会让对方感觉不受尊重。最重要的是让对方知道你很希望达成这笔交易，但交易的对象不一定是他。

第二，保持神秘感。不要为了表现自己的知识或能力而说太多，言多必失。话说得越少，对方越摸不清楚你心里在想什么，你就越占有优势。话说得太多，常会不自觉暴露某些弱点。对方可能抓住你的语病，反过来当谈判筹码。或透露太多信息，让对方很容易看穿你的底线。

第三，主动掌控谈判速度。谈判的主动权一定要握在自己手中。当别人希望加快速度时，你就要刻意放慢速度；如果对方希望放缓脚步，你就得加快速度。一方面，不让自己受制于人。另一方面，也可以观察对方的反应，他们是否会因此慌了手脚或失去耐性？若真是如此，就代表你的机会来了。例如，若对方急于成交，提案条件也很合你的意，你也不需立即接受，你可以表现出犹豫不决的样子，告诉对方你需要多些时间仔细考虑。事实上，有时对方说的最后期限也可能不是真的，你必须有技巧地试探。假设对方希望你下周回复，那你可以回说下周必须出差，不在办公室，看看对方的反应如何。

第四，忘掉对方的头衔。对方的头衔、年纪或地位可能比你高，但当你们坐下来面对面交谈时，彼此的关系就是平等的。不让自己被对方矮化，最好的方法就是做功课。你越了解对方的背景和专业，就越能和对方自在地对话，自然不会被对方看轻。

第五，别把对方的话当真。对方在谈判桌上说的话或提出的证据，你都必须抱持某种存疑的态度，很多时候不是事实，只是一种谈判技巧。例如，对方可能会提出大数量争取大折扣，但最后根本不会购足原先的数量。但是，你已经先答应提供较低的折扣，就无法反悔。

第六，对最后通牒视而不见。你可能常常听到，“我只能付这么多”“要就接受，不然就结束”“这就是我的底线”……面对这些说法，其实不必觉得受挫或立刻决定放弃，这不是谈判的结束，而是谈判的开始。与其谈到最后再被拒绝，不如一开始就表示拒绝反而直接。接下来，就要看你问问题的技巧是否高明了，原则是不断问对方“为什么”，直到问出答案为止。而通常这时候，对方再也没有拒绝的理由。

事先调查谈判对手的心理状态和预期目标，正确判断双方对立中的共同点，才能胸有成竹，不会让对方有机可乘。相反，不知根底，在谈判时优柔寡断，不能立即回答对方的问题，会给别人留下权限不够或情况不熟的印象。

## 巧妙掌控客户心理

万事人为本，做生意实际上就是人与人之间的一种交流沟通的过程。具体来说，就是营销人员与客户之间的交流。交流得好，生意自然也就谈成了；反之，生意自然也就随之而去。

毫无疑问，每一位客户都有自己的性情特征和购物习惯。市场上只要存在两个以上的客户，就会存在不同的消费需求。而且随着原来的“计划经济”转变到现在的“市场经济”，广大的消费者已经摆脱了原来那种被动消费的状态，开始向成熟的消费转变。他们通过在市场上提供的不同的选择之间的比较，来选择自己想要的商品，不再是以前的那种“有什么，我就买什么”的情况了。他们已经能够作为独立的消费个体出现在市场经济的大舞台上。而且，随着经济的不断发展、市场的不断完善，客户对服务的要求也越来越高，个人的权利意识也越来越清晰。这就要求营销人员能够将客户区别对待，满足不同客户的心理需求。否则，顾客是不会选择你的商品的。这自然就加大了营销人员与客户之间沟通的困难，提高了对营销人员的要求。

商场如同战场。如何去满足顾客的需求，打败你的对手，赢得属于你的客户？很显然，单纯以低廉的价格和优质的产品来吸引对方是远远不够的，而要从营销过程中的各个细节、多个角度去分析，去提升自己的服务，来使客户感到满意。只有满意的客户才会成为你忠实的客户。

那么，如何与不同的客户打交道？如何巧妙地掌控客户的心理呢？下面这个案例会给我们一些启示。

哈里森是美国一位优秀的电机推销员，他讲过这么一件亲身经历的有趣的事：

有一次，他到一家新客户去拜访，准备再向他们推销几台新式电动机。不料，刚刚踏进公司的大门，便挨了当头一棒：“哈里森，你又来推销你那些破烂了！你不要做梦了，我们再也不会买你那些破玩艺了。”总工程师斯宾斯恼怒地说。经哈里森了解，事情原来是这样的：总工程师斯宾斯昨天到车间去检查，用手摸了一下不久前哈里森推销给他们的电机，感到非常烫手，便断定哈里森推销的电机存在严重的质量问题。因此，他拒绝了哈里森今日的拜访，推销更是无门啦！哈里森冷静考虑了一会儿，认为如果此时硬碰硬地与对方辩论电机的质量问题，肯定于事无补，不如转而采用一种称之为“苏格拉底讨论法”来攻克对方的堡垒。

于是，发生了下面的对话：

哈里森：“好吧，斯宾斯！我完全同意你的立场，假如电机发热过高，别说买新的，就是已经买了的也得退货，你说是吗?”

斯宾斯：“是的。按国家技术标准，电机的温度可比室内温度高出 72 度，是这样的吧！”

哈里森：“是的！”

斯宾斯：“但是，你们的电机温度比这高出了许多。喏，昨天差点把我的手都烫伤了！”

哈里森：“请稍微等一下，请问你们车间里的温度是多少?”

斯宾斯：“大约 75 度。”

哈里森：“大约 75 度，加上应有的 72 度的升温，共计 140 度左右。请问，如果你把手放进 140 度的水里会不会被烫伤呢?”

斯宾斯：“那——是完全有可能的。”

哈里森：“那么，请你以后千万不要去摸电机了。不过，我们的产品质量，你们完全可以放心，绝对没有问题。”

结果，哈里森又做成了一笔买卖。哈里森的成功，除了因为他的电机质量的确没有质量问题以外，他还利用了斯宾斯心理上的微妙变化。

当一个人在说话时，如果一开始就说出一连串的“是”来，就会使整个身心趋向肯定的一面。这时，全身呈现放松状态，容易营造一种和谐的谈话气氛，也容易放弃自己原来的偏见，转而同意对方的意见。

## 微笑——愉悦自己，也愉悦别人

微笑带给人们快乐、温馨和鼓舞。微笑就是阳光，它能消除人们脸上的冬色。在一个适当的时候、恰当的场合，一个简单的微笑可以创造奇迹，一个简单的微笑可以使陷入僵局的事情豁然开朗。推销时微笑，表明你对与客户交谈抱有积极的期望。

法国作家雨果说："笑，就是阳光，它能消除人们脸上的冬色。"不是吗？他人就像一面镜子，你给他以笑容，他也同样报你以笑容。

一些人不懂得利用微笑的价值，实在是不幸。这是因为，微笑在应酬社交中能发挥极大的效果：无论在家里、办公室，还是在途中遇到朋友，只要你不吝惜微笑，立刻就会显出意想不到的良好效果。难怪有许多专业推销员，每天清早洗漱时，总要花两三分钟时间，面对镜子训练自己的微笑，使自己能展现出最为迷人的微笑，甚至视之为每天的例行工作。

原一平曾经为自己的矮小而懊恼不已，他不止一次地仰天长叹："老天爷对我真不公平！"但是，个子矮是无法改变的事实，想隐瞒也隐瞒不了，想改也改不掉。

就在原一平加入明治保险公司不久，与原一平个子相差无几的高木金次先生召见了原一平。

高木先生曾留过洋，在美国专攻过推销。他的身材比原一平略高而已，他的健康也欠佳，所以，瘦瘦弱弱的。若只看外表的话，他和原一平一样。

他凝视着原一平，静静地说："原老弟，个子高大、体格魁梧的人，先是外表就显得威风凛凛，访问客户时也容易让对方产生好印象。我想，我们个子矮的首先必须以表情制胜，特别要重视笑容满面，务必显出发自肺腑的笑容。"

他的脸上立即浮现了笑容，那是一种浑身都在笑的笑容，是纯真感人的笑容，这笑容使原一平茅塞顿开。

自此以后，原一平着手训练笑容，他不停地对着镜子练习。

由于一心一意想着练习笑容的事，走在马路上，原一平往往会不自觉地露出笑脸，有时甚至会笑出声来。他练习笑容就跟着了魔似的，他的邻居们见他一人常常独自笑出声来，还怀疑他神经不正常呢。

原一平自豪地说："如今，我认为自己的笑容与婴儿的笑容已经相差无几。"

婴儿的笑容，说多美就有多美。他们的笑容纯真得令人心旷神怡，令人迷惑。婴儿之多，无以计数，但谁看到过他们挖苦的、蔑视的、龌龊的、邪恶的笑？婴儿的笑容之所以美丽诱人，是因为以鼻梁子为中心线时，脸部左右的表情相同之故。

我们必须拥有左右均匀的、天真无邪的美丽笑容，即婴儿般的笑容。当大人露出接近婴儿的那种笑容，那才是发自内心的笑。这种笑容会使初次见面的人如沐春风，它也会使接触他的人自然地展露笑容。

原一平总结出了笑容的 10 大好处：

第一，笑容是传达爱意给对方的捷径。

第二，笑具有传染性。所以，你的笑会引发对方的笑或快感。你的笑容越纯真、美丽，对方的快感也越大。

第三，笑可以轻易除去俩人之间厚厚的壁垒，使双方的心扉大开。

第四，笑容是建立信赖的第一步，它会成为心灵之友。

第五，没有笑的地方，必无工作成果可言。

第六，笑容可除去悲伤、不安，也能打破僵局。

第七，将多种笑容拥为己有，就能洞悉对方的心理状态。

第八，类似婴儿的笑容最诱人。

第九，笑容会消除自卑感，且能补己不足。

第十，笑容会促进健康，增加活力。

微笑的后面蕴含的是坚定的、无可比拟的力量，一种对生活巨大的热忱和信心，一种高格调的真诚与豁达，一种直面人生的智慧与勇气。

微笑是一种最容易被人接受的礼物，微笑可以增加做人的魅力，微笑的本身就是最动听的语言。

# 第八篇

# 职场中的心理策略

现代社会竞争激烈，人事争斗永无休止。怎样才能找到好工作？老板喜欢怎样的员工？怎样才能受到同事欢迎？怎样才能让下属卖命工作……所有这些，都是每个职场人士非常关注的问题。其实，之所以产生疑问、出现挫折并不是你不够努力，也不是你缺乏能力，而是你搞不懂对方心里在想什么！职场是看不见硝烟的战场，竞争残酷而激烈。要想在职场上游刃有余，仅靠个人工作成绩的优劣还远远不够，在注重个人内外兼修的同时，还应该善于经营人际关系，利用社交攻心术，帮你解决职场上的问题。

## 一眼把领导心思看透

为什么你有绝顶的才华，却始终得不到领导的垂青？为什么你兢兢业业、踏踏实实、埋头苦干，却得不到领导的提拔？为什么你干活比兔子跑得还快，而你的薪水却比乌龟爬得还要慢？这一切的一切，都在于你不了解领导的意图，不能看透领导的心思。

有一天，一大早，主管领导就亲临我们这间小小的办公室，对我和老王说："你们不是很早就和我说人手不够吗？经过领导办公会认真研究，决定这个月就给你们增加人手。"我和老王都非常开心，以后就轻松些了，不用天天加班了！领导又吩咐我说："你来草拟一个面向社会公开招考办公室人员的条件，过会儿给我。"我连连点头答应。

领导出去后，老王提醒我："这个招考条件，你一定要弄得科学、合理呀。领导把这个任务交给你，是对你的重视，也是考验你哩，你可不能在关键时刻掉链子啊！"我满怀信心地说："没问题，您就放心吧！等着瞧好吧！"

于是，我开始草拟招考的条件。谁都知道，办公室的事情很繁杂，需要处理跟其他部门方方面面的关系。所以，人一定要稳重，最忌讳"嘴上没毛，办事不牢"，而且要善于沟通。据此，我写下第一条："25 周岁以上，做事沉稳，有较强的沟通能力。"办公室的文字工作比较多，平时这材料那报告的，把我和老王折腾得够呛，所以我非常渴望能有个文笔好的，会办公软件的。于是，我赶紧加上一条"擅长写作，文字功底深厚，能熟练操作计算机……"

条件拟好之后，本来我想让老王看一下把把关，看看有什么遗漏之处没有，不巧的是他去洗手间了。没办法，我就直接送到主管领导那里去了。主管领导认真看了看，皱起眉头说："你拟的条件好像很一般呀。这样吧，你回去跟老王再商量一下，看有没有需要修改的地方，重新拟写后再送过来。"

等我悻悻地回到办公室时，老王已经从洗手间回来了。我让他看了看我拟的条件，又说了领导的态度。我很委屈地说："我们办公室不就是需要一个这样的人员吗，还怎么修改呢？"老王笑着说："唉！你怎么能这样写呢，肯定不行的!”说着，他提起笔来“唰唰唰”地写道：“男，25 周岁以下，临床医学本科学历，身高在 185cm 以上，具有篮球特长……”我向老王嘀咕道：“这都是什么条件啊！这是哪跟哪呀！我们是在招办公室人员，又不是开医院，干嘛非要学医的呀，还必须是‘临床医学’本科专业？还要身高 1. 85 米，会打篮球，这都是什么啊！我估计到最后没有一个人能符合条件!”老王听后，笑着说：“你怎么就知道没有符合条件的呢？肯定会有的！做事情最关键的是摸透领导的心思。不信，你就先拿去给主管领导看看，我保证，主管领导看后肯定会非常满意!”

我思来想去，没有更好的办法，只好硬着头皮把老王草拟的“苛刻条款”打印出来给主管领导送去。主管领导又仔细看了一遍，大笔一挥，签上“同意”二字，然后似笑非笑地说：“嗯！你现在进步不小啊，好，有前途!”

我带着满肚子疑惑出了主管领导的办公室。我拟的条件挺符合工作需要，为啥主管领导不同意？老王拟的简直就是驴唇不对马嘴，为什么偏偏得到领导的赞赏？主管领导到底是啥心思？我实在憋不住，就去向老王问个明白。老王起初什么也不愿意说，后来被我逼急了，实在没办法了，才答非所问地来了一句：“主管领导的小舅子今年医学院该毕业了……”

看了上边的案例，您一定知道为什么我草拟的招聘条件在主管领导那里通不过，而老王的却能通过的奥妙了吧。

总之，能够在瞬间看破领导的心思，并采取相应的策略，这样你就能达到你理想的目标和位置。

不论你身处何职，都应该注意对领导的观察，留意领导的眼神，读懂领导的心思，这样才能让他喜欢你、器重你、提拔你。

## 魅力驭人，让下属心甘情愿跟随你

一个领导最重要的素质就是如何吸引跟随者。究竟是什么原因驱动下属心甘情愿地跟随你呢？是靠个人的行政权力还是靠奖赏性权力？都不是，其实更多的是靠个人魅力。

第一，正直性。要想吸引员工，领导就必须正直。从这个意义上来说，无论做什么事情，领导者都要赢得下属对你的尊重。例如，领导一方面要求下属尽量做好，另一方面又指示下属帮他做两套财务账，不该签字的让下属签。有很多下属就因为对这一点心存恐惧，害怕犯怵，觉得领导是在逼自己做自己不愿意做的事情，最后只能被迫选择离开。所以，作为领导，你的一言一行都必须恪守职业道德。

第二，公平性。吸引下属的因素是你的公平性。作为领导，你的直接下属有多少人？能不能做到一碗水端平？能不能公平待人？这一点很重要。

第三，情感性。作为领导，要从情感上接纳你的下属，关心他、帮助他、理解他。通过这种情感纽带，可以将员工的个人价值与企业的价值观结合起来，为一个共同的目标而努力，他们还能不心甘情愿地跟随你吗？

第四，可靠性。领导在任何时候，如在员工困难时，在员工需要帮助时，随时都会出现。领导在必要的时候要充当下属的保护人。上级在检查的过程中发现了一些问题，如果领导把所有问题都担当下来，下属会怎么样？他们心里很明白，这是领导在替他们受过，他们自然会对你多了一份尊重。所以，勇于为下属担责的领导更容易受到下属的拥戴，更能赢得下属的心。

作为领导，如何成为一个深具魅力的人呢？以下是你必须努力的地方：

第一，热爱生命。绝大多数的人喜欢和那些能够享受人生的领袖在一起。想想你所认识的人当中，有哪些是你真心喜欢花时间和他们在一起的？你能用自己的语言描述出他们所具有的特质吗？是怨天尤人，还是意志消沉？想必都不是，他们应该是热爱生命、积极乐观的人，他们对生活有一种极高的热忱。如果你想成为吸引别人的人，就应该活得像那些吸引你的人一样。19

世纪著名的布道家约翰·卫斯理深谙其中的奥秘。他说："当你点燃自己，人们自然就喜欢来靠近你的光和热。"

第二，分享你自己。人们喜爱那些愿意分享自己与自我生命历程的领袖。当你领导人群时，应当把自己的智慧、资源与他们分享。

第三，在每个人脸上挂上一百分。我们暂且把这叫作在每个人脸上挂上一百分，这样的态度会使别人更加肯定自我，同时也有助于提升你的人缘。狄斯雷利就深明此理，并且身体力行，这也是他魅力难挡的秘诀之一。他曾经说过："你能为别人做的最美好的一件事，不是与人分享你的财宝，而是助人发觉他自身的宝藏。"如果你对人心存肯定，鼓舞他们，并且帮助他们发挥潜能，他们会对你感激不尽。

第四，主动为下属承担责任。有人曾说过："世界上只有两种人不会犯错误，一是没有出生的，二是已经去世的。"任何人都会犯错误，很多时候会在不经意间犯错误。犯错误并不可怕，最可怕的是明知道自己犯错误而不承认，反而遮遮掩掩。一个领导更不应该逃避责任，只要是公司的员工犯了错误，就是自己的错误。因为员工能够犯错，就说明自己没有尽到责任。如果员工被处罚，公司的领导应该首当其冲，不找借口，不辩解，在公司员工面前大胆地承担自己的责任。这是一个领导最基本的素质。

第五，充分授权给下属自由空间。沃尔玛创始人山姆·沃尔顿说过："一名优秀的经理，最重要的一点就是懂得授权和放权。"能否给予员工充分信任，鼓励他们自由发展，是衡量优秀企业家的重要标准。优秀的领导乐于并且善于将权力分配给自己的下属，他们需要做的只是为部下创造一个施展才华的舞台。

如何提升个人魅力？最重要的一点是：以别人为重。能够先想到别人，先顾全别人需要的领导，才是有魅力的领导。

## 一团和气，学着与同事打成一片

一团和气的说法，出自宋朝朱熹的《伊洛渊源录》卷三引《上蔡语录》："明道终日坐，如泥塑人，然接人浑是一团和气。"说白了，与同事打成一片，也就是要搞好同事间的关系。

如果办公室的氛围很好，虽然工作有时不是很顺利，但大家都能相互理解、相互信任，相互帮助渡过一个个难关，还相互学习好多东西。工作不忙时，相互聊聊天，也会感觉时间过得很快。

那么，如何才能达到这样的效果呢？

第一，改变自我，适应环境。在工作中，你不得不与人打交道，所以必须学会改变自己，尝试着与同事们多沟通、多交流，最大限度地求同存异，尽可能地融入集体中。这样不但有利于提高单位的工作效率，也有利于你个人才能的尽情发挥。其实，做到与同事打成一片并不难。只要你待人真诚、友善，就会发现原来每个人都十分渴望被别人接受和理解，渴望他人的友爱和帮助。

第二，尝试新的处事方法。俗话说："一个篱笆三个桩，一个好汉三个帮。"人际关系在工作和生活中都起着十分重要的作用。所以，必须以积极的态度去面对同事。平时，多观察他们之间是怎样交流和沟通的。然后，你至少可以学着他们的样子谈论一些既轻松又能让大家感兴趣的话题。另外，要胸襟豁达，善于接受别人及自己，并不失时机地给别人以表扬。总之，要与同事打成一片，就要勇于尝试。

第三，要处处替他人着想，切忌以自我为中心。要与同事打成一片，就要学会从他人的角度来考虑问题，善于作出适当的自我牺牲。当他人遭到困难、挫折时，你要伸出援助之手，给予帮助。比如，同事感冒，你体贴地递上药丸；路过饼店，顺道给同事买下午茶。这些都是举手之劳，何乐而不为？你对别人好，别人对你好，你在公司才不会陷入孤立无援之境。

第四，要掌握与同事交谈的技巧。在与同事交谈时，要注意倾听他的讲话，并给予适当及时的反馈。聚神聆听代表理解和接受，是连接心灵的桥梁。在表达自己的思想时，要讲究含蓄、幽默、简洁、生动。比如，含蓄既表现你的高雅和修养，也起到避免分歧、说明观点、不伤关系的作用；提意见，指出别人的错误，要注意场合，措词要平和，以免伤人自尊心，产生逆反心理。

第五，不搞小圈子。跟每一位同事保持友好关系，尽量不要被人视为某个圈子的人，这无意中就缩窄了你的人际网络，对你没好处。尽可能跟不同的人打交道，避免牵涉办公室政治或斗争之中，定能获取别人的信任和好感。

第六，微笑。无论是面对总经理、茶水阿姨、楼层保洁还是面对暑期实习生，只要你时刻向人展示灿烂友善的笑容，就必能赢取公司上下的好感。年轻的同事视你为大哥或大姐，年长的把你当儿子或女儿看待。如此亲和的人事关系，必有利于你与同事打成一片，更有利于事业的快速发展。

和睦的工作环境，同事间亲和融洽，上下一心，直接促成业务的成功。能否成功，关键在于能否跟同事打成一片，和睦共处，尽得人心。

## 巧妙对待副职领导

“火车跑得快，全靠车头带。”在当今形势下，副职干部就像动车组分散在各节车厢的动力设置，能否干好自己的工作，除了领导的引领，还要看能否发挥自己的驱动力（主观能动性）。一般说来，副职干部作为单位高层领导的成员之一，是正职的助理，是受正职委托分管事务的负责人。准确地说，副职既是领导者，又是被领导者；既是决策者，又是执行者；既唱主角，又当配角。

那么，我们在实际工作中，应该怎样巧妙对待这些副职领导呢？这不能不说是一门学问。在一般情况下，我们要根据不同类型的副职领导来采取相应的方式与方法。

第一种类型：热忱型副职领导

如果你遇到的副职领导是热忱型的，当他对你表示特别好感时，一定不要完全相信。你必须明白，他对你的热情并不会持久，你要时刻保持宠辱不惊的常态，也就是要采取不即不离的方式。“不即”可以缓和他的热情，不致在极短的时间内达到顶点，这样就可以达到延长彼此亲热时间的目的。“不离”可以使他不感到失望，毕竟“君子之交淡如水”。所以，对待这样的副职领导，这种方法是最有效的。工作中，对于他交代的工作方法，你认为对的，赶快去做，以免夜长梦多；你认为不对的，也不要当面争辩，只要口头接受，千万不要跑去找正职领导，那样你就犯了大忌。

第二种类型：冷静型副职领导

如果你遇到的副职领导是冷静型的，在工作中你一定不要自作主张，一定要等他决定之后，你负责执行就好。而且，对于执行的经过，你还必须要有详细的记载。即使是极其细微之处，也不能有些许的大意。这是一丝不苟的精神，也正是这样的领导所喜欢的。但如果在你执行的过程中遇到了困难，你也不能去找他，一定要自行解决，事后再做口头的报告。他一定会很开心，也会认为你很有能力。但值得注意的是，报告时一定要实事求是，避免夸张的口气。

第三种类型：傲慢型副职领导

傲慢的人，多数都有足以傲慢的条件。失去了这个条件，傲慢的，也一反从前之所为；拥有了这个条件，伪谦的，也会改变其常态。由此可以知道，傲慢不是先天的，而是后天形成的，是由环境所造成的。如果你的副职领导是个傲慢的人，你与其哗众取宠，自污人格，不如谨守岗位，落落寡合。这样一来，虽然他为人傲慢，但为了自己的事业，也不能完全摒弃君子气度。一有机会，你就应该表现出独特的本领。只要你是个人才，他一定会对你另眼看待。

第四种类型：豪爽型副职领导

如果你遇到的是豪爽型副职领导，那真是一件值得庆幸的事。只要善于运用你的能力，表现出过人的工作成绩，只要时机成熟，绝对不用担心没有发展的机会。他自己长于才气，所以最爱有才气的人。唯英雄能识英雄，亦能用英雄。反之，当机会未到时，你仍要很愉快地工作，并做得又快又好，这表现了你游刃有余的能力。同时，还要随处留心机会，一经发现可以异军突起时，就要好好把握。切记，所计划的一切要十分周详，然后等待绝佳的机会提出来。一经采用，你便可以脱颖而出。

对待不同的人，一定要对症下药，投其所好，做到有的放矢。

## 训诫下属的方法

身为老板，不光只是每天风光地参加商务聚餐，公司有一大堆各式各样的问题等你解决。有人为你工作的同时，你也要对他们负责。你可以让他们舒服自在，也能让他们痛苦难过；你可以让他们乐于工作，也能让他们悲惨度日；你可以为他们加薪或提供更优越的工作条件，鼓励他们继续留在公司，也可以通过降职减薪的方式使他们离开公司。

可见，要想成为成功的管理者，你必须懂得一些管理技巧才行。当你的员工上班迟到、早退，工作不尽心造成次品，或犯了错误时，应该采取何种方式来批评他、教育他，帮助他改正缺点和错误？这里有一些训诫的小方法，可供你参考：

一是可以采用模糊式的批评方式。某工厂为整顿劳动纪律，召开了全厂员工大会，厂领导在会上说：最近一段时间，我们厂的纪律总的来说是好的，但也有个别人表现较差，有的迟到早退，也有的上班时间聊天……这就是一个典型的模糊式批评，用了不少模糊语言："近一段时间""总的""个别""有的""也有的"等。这样一来，既指出了问题，又照顾了面子。他的批评没有指名，又具有某种弹性，通常这种批评比直接点名批评效果更明显。

二是可以采用暗示的方式。暗示的批评方式最大的特点是具有一定的隐蔽性，这种隐蔽性避免了你在批评某位下属时的直接对立或尴尬。例如，对迟到者首先要想到他必有原因，不要不分青红皂白地训斥一顿，造成对方消极抵触的情绪。你可以微微一笑，打个招呼："早晨好。"他会自知迟到的错误，并感到未受指责的温暖，从而努力工作，弥补过失。这种巧妙的暗示所带来的效果远远强过当面指责、批评下属的不是——那样只会造成对方顽强的逆反心理，即使他表面上看来是平静地接受了。

三是采用安慰式的批评方式。在通常情况下，员工的错误举止是基于人之正常心理驱使的必然结果。在这时候，尽管你对此不能接受，但你也应当从员工的角度考虑问题，体会下属的真正思想。或者，你会发现，如果你站在他的位置上，你也可能这样做，只不过不像他那样厉害罢了。既然能意识到这一点，你就应注意下属的心情，在给予批评的同时，给对方一些安慰。然而，你要明确你的态度是批评性的，绝不可以给下属留下一种鼓励的印象，那样同样无助于问题的解决。

四是批评不要伤自尊。人非圣贤，孰能无过？当员工犯了错误时，领导不要不分场合地给予批评，而应晓之以情、动之以理地指出员工的错误，让其心服口服，从而激发其更高的积极性。

总之，批评下属也是一门学问。如何对待犯错误的下属，是领导必须谨慎对待的一个大问题。处理得当，双方满意，促进工作；处理失当，则为自己无故树敌，增加工作阻力。切记：慎做批评惩罚，掌握尺度，方能惩前毖后，一箭双雕。

下属不是不能接受批评，问题的关键是批评的态度和批评的方式是否正确。批评的态度是与人为善，还是粗暴蛮横；批评的方式是合适得体，还是无所顾忌。这是忠言顺耳的根本分界点，也是训诫的艺术。

## 下达指令的艺术

作为领导，下达指令是他们的特权。但是，如何更好地运用这个特权，却往往不被领导所重视，往往因此失去应有的效果。下面几条小经验，可供参考。

第一，下达指令必须明确责任人。

每个人都会有依照自己的意愿做事的想法。可是，身为团队的一员，必须服从领导的指令。这就要求领导在下达指令时，一定要慎重。最好本着“我们是一家人，大家共同努力”的心态，千万不要盛气凌人，否则会不太顺畅。尤其是初任领导的人，一定要注意以前部门里的习惯。这是因为，谁也无法保证，现在的情况仍与上一任领导在时相同。

假设，有一件工作一直是李某在担任。你认为不用特别叮嘱，他也会自动参与。但是，李某却毫无动静。你问李某：“这是为什么？是看不起我这个刚上任的领导，还是……”他就可能会回答：“您并没有指示呀。我以为换领导了，对工作会重新安排的，所以我没做。”因此，对于固有的习惯，你必须仔细考虑，再做决定。若想沿用旧例，必须重新叮嘱。

第二，下达指令必须因人而异。

领导在对下属下达指令时，一定要考虑下属的个性、能力和特点。否则，就达不到目的。比如，对于自信心严重缺乏的下属，你下达指令时，要先尽量使他有机会尝到成功的喜悦。对他来说，这可能是一个非常重要的转机。所以，你对其下达的指令应是较容易完成的。

第三，下达指令必须察言观色。

领导在下达指令时，最重要的是要先看对方的眼睛。俗话说：“眼睛是心灵的窗口。”也就是说，可以通过观察一个人的眼睛，来读懂这个人的心灵，之后再简明扼要地下达指令即可。

但要注意的是，如果下属中有比你年长的人时，在态度及措辞方面就要留意了。虽然你必须对他下达指令，但你仍要对他表达适当的敬意，让他感受到，你是一个敬老的人。如果你的下属中有女性的话，你一定要注意自己的措辞，既不能轻浮，也不能过于拘谨。

第四，下达指令必须要有个性。

一是大声地下达指令。如果你的声音很小，很有可能被下属认为是一件无关紧要的事情。因此，此时你有必要明确表示，这就是我给你下达的指令。

二是在多人面前下达指令。如此，既可以避免下属要滑头，又能让下属尽快完成你交代的任务，可谓一举两得。

三是威严地下达指令。也许有人会认为这是在耍威风，其实不然。这是因为，在下达指令的时候，你必须让下属充分感觉到你的斗志，即对于这件工作我很认真，绝不会轻易原谅那些企图浑水摸鱼、违抗命令的家伙。如此一来，便可以使下级形成接受上级命令的习惯，企业就会产生强大的凝聚力。

如果你能做到有的放矢地下达指令，相信一切事情皆能如你所愿。

## 管好“难管的人”

相信在每一个企业、集体和团队中都会有个别比较难管的员工。当领导遇到这种情况时，一定要冷静理智，分析原因，摸清情况，对症下药。一方面要敢管，另一方面又要善管。倘若下属处处与你对着干，你说东他偏往西，不仅影响工作，还会损害领导的威信。在他们身上，一般有以下共同特点：

第一，他们都有一定的工作能力和经验，有一定的工作资历，在团队中的成绩不是最好的，但也绝不是最差的。

第二，这些人在小范围内具有一定的号召力和影响力，有一定的群众基础，恃才自傲。

第三，经常和领导公开顶嘴，反对一些新的计划和制度，甚至散布一些消极思想和言论，起到负面影响，但绝不是有意识的，而是性格使然。

第四，爱表现自己，自由散漫，眼高手低，不拘小节，讲义气，认人不认制度。

集体中出现这样的员工，产生的原因一般有以下几点：

第一，前任或前几任领导一再迁就，任其骄横，养成了坏习惯。

第二，公司越级管理现象严重，高层领导对其有重用之意，让其误以为有了“尚方宝剑”，目空一切。

第三，公司经营不善，这类员工自认为属于中流砥柱，公司没人敢动自己。

第四，团队氛围不佳，钩心斗角现象严重，派系复杂，管理不公，处于人治而非法治阶段。

第五，曾经的领导“落野”者，当过领导，却不能客观认识自己的不足，对处理心存意见，心中不服，认为升职无望，不求上进，破罐子破摔。

作为领导，尤其是新上任领导，如果你遇到这样的员工，就像一个烫手的山芋，开了可惜，也可能会影响到大家的积极性，可不开吧，他又经常让你难堪，影响工作的开展。怎么办呢？

首先，如果你的团队中有这样的员工，要有正确的认识：这样的员工是完全可以扭转过来的，并不是非开不可，或者一无是处。用得好，他们可以起到积极的带动作用，并身体力行，甚至激发团队斗志。

其次，要有容人之心。有时候，适当的阻力是防止犯大错的预防剂。在你抱怨他们不好管理的时候，请先问一问自己：我是否具备了管理者的资格？我是否找到了有效的管理方法？

往往难管的员工就是企业内部的“孙悟空”，有时候需要念念紧箍咒，有时候需要放开，领导的魅力是主要的影响因素。

## 与“上面”保持经常性的接触

一些时候，领导做出的决定与你的想法大相径庭，你有时可能会想不通。但是，虽然有太多的疑虑，但你必须首先去执行领导的决定，因为领导的一切决策都有待于下属的拥护和支持。

你可以私下里找领导交流一下思想，了解一下领导究竟是出于何种考虑、何种目的，才做出让你如此出乎意料的决定。

也许领导的决定是出于整体大局的考虑，也许这一决定有着某种特殊的用意，也许决定本身是错误的，根本没有什么道理可言。了解到这些情况后，在自己的工作中，你才能知道自己该怎样去做。

彻底否定和机械服从都是不行的。出于对整个部门前途的考虑，你要对整体工作如何运行以及为什么这样运行有个明白、透彻的了解，这是对你作为一名下属所提出的客观要求。

良好的上下级关系可以使你清楚地了解领导的期望和意图，踏踏实实地干好工作，圆满地完成既定的工作任务，取得良好的工作成效。在你的领导下，本单位的工作也会蒸蒸日上，所有人员的工作热情和效率会大大提高。

许多场合、许多情况都是你了解公司意图和想法的途径。如果你对此熟视无睹，那么领导想的到底是什么，你也就无从知晓。这样一来，你就无法配合领导协调工作，也就无法完成工作任务，实现工作目标。

每个领导由于其学历、修养、性格、兴趣和阅历的差异，决定了他们的工作方法和思维方式存在着这样那样的不同。与不同的领导相处，要采取不同的方法。如果他是一个性格非常爽朗、不拘小节的人，而你却在一些小事上与他纠缠不清，他难免会对你产生一些看法。

与领导保持经常性的接触，绝不是让你去奴颜婢膝地讨好他、奉承他，对他阿谀巴结。如果那样，往往不会给领导留下好印象。

对领导只会顺从、维护，讨他的欢心，视他为衣食父母，明知领导出了差错，也不去指出和纠正，是很难成就大事业的。因为你所做的一切，无非是想保住你的位子。你口口声声要为领导效犬马之劳，只不过是为了换取某种私人利益，你已再无进取心、事业心可言了。这是十分可怕的。

在交际应酬中，与“上面”保持经常性的接触会对你事业的成功有很大的帮助。

# 第 九 篇

# 赢得他人支持的心理策略

每一个人都志在成功，但在这个竞争日益激烈的社会里，仅凭一己之力是远远不够的，你还必须依靠众人的力量、众人的智慧，使自己的生活和事业走向成功。在交流沟通中，自己是否能最大限度地被人认可和支持，往往是由自己的社交水平、品位以及为人处世的方法所决定的。同时，它也可以决定一个人事业的成功和失败。为此，我们在人际交往中，应该努力赢得他人好感，获取他人对自己的支持。

## 欲取先予，让你办事更顺当

没有人会随便地听从你的建议或意见，除非你谈论的是对方关心或者感兴趣的话题，否则很难说服他人为自己办事。但是，如果在办事时能够先让别人满足，让别人从中得到收益，那么你就能收得人心，也能让自己得到满足。

一家报社有一次需要调换总编辑，但新来的总编辑在业务方面是一个生手，不仅没有在报界担任过任何职务，而且连一天的基层采访工作都没有做过，对编辑知识了解得非常浅薄。因此，很多有资历的员工感觉不服气。当然，他也心知肚明，知道大家对他不服气、不看好他。如果想要博得大家的支持与认可，就必须想一个好办法。于是，他想到，只要能站在大家的立场上去考虑问题，从大家的利益出发，为大家着想，那么就一定会博得大家的支持和认可。可是，他又想到，自己还没有上任，对公司的各方面事情也不是很了解，怎样才能做到这一点呢？晚上一个人看电视，他偶然间听到电视中报道“打工族为花钱买房而烦恼”。此时，他的脑子一惊，觉得这是一个突破口。如果能帮大家解决住房问题，那么事情也许会出现转机。

于是，上班的第一天，他便在“就职演说”中微笑着对员工们说：“我今天刚刚来到咱们报社，我也知道自己的资历有限，别说做总编辑，就是当普通资料查询员，恐怕对我来说也不够资格，因为我对资料的调查统计这方面只是略知一些皮毛。但是，我希望大家给我一次机会，让我体验一下做记者的艰辛，那就是让我坐一坐新闻记者的大车，使我有一次真正的新闻记者采访体验，同时也通过坐大车体验一下同事们的艰辛，以便我将来去某个银行请求与他们合作，替本报同事们解决郊区购房分期付款问题。”

他的话一出，立刻赢得员工们的一致认可。大家都说：“这个总编辑人不错，居然愿意体验咱们做记者的艰辛。更重要的是，他竟然对大家一直忧心的住房问题这么热心。不拥护这样的总编辑，还能拥护谁呢？”于是，台下响起了一阵热烈的掌声。就这样，虽然他在这方面是个生手，但他的笼络人心之术使他得到了员工们的支持。

说服中迎合别人的兴趣会创造成功！在其他的说服过程中，又何尝不是如此。你是否曾注意到别人的兴趣？与人交往，你是否曾做过这方面的努力？有些人天生就说服有方，这当然很好。但如果不是天才的话，那就需要学习了。

在一般情况下，无论什么事其实都是对某种利益的追逐，而要在社会上获得某种利益，又必须保持一种相对稳定的利益平衡关系。就是说，在利益问题上不能总是让对方一味付出，而要懂得让对方在付出之前或付出之后要有所得。所以，正是基于这一利益平衡关系，人们才有了欲取先予的办法。

你想得到什么东西，就应该先给予对方一些实惠的东西，而不是一味地站在原地不断索取。只有这样，你才可以顺理成章地要求对方给予回报。

## 让他人尝到小甜头

中国人常说："吃人家嘴短。"一旦接受了人家的好处，占了人家的便宜，再拒绝起人家的请求来，就不那么好意思开口了。中国人重人情、讲面子，"滴水之恩，必当涌泉相报"。聪明人运用这一方法，几乎百试不爽。

清代著名书画家"扬州八怪"的代表人物郑板桥就曾被糖衣炮弹打中，吃了一次哑巴亏。

郑板桥擅长画竹、兰、石、菊，字写得也棒。他那幅"难得糊涂"的复制品，今天大街小巷仍随处可见。当时，慕名上门来求他字画的人不少，郑板桥也不客气，写了一张价格表贴在大门上，上面写道："大幅六两，中幅四两，小幅二两，书条对联一两，扇子斗方五钱。凡送礼物、食物，总不如白银为妙；盖公之所赠，未必弟之所好也。若送现银，则心中喜乐，书画皆佳。礼物既属纠缠，赊欠犹恐赖账。"

明码标价，颇为痛快直爽。

不过，郑板桥恃才傲物，鄙视权贵，一些达官显贵想索求书画，哪怕推着装满银子的车来，也被拒之门外。

有位大富豪新盖了幢大房子，豪华富丽，但就是缺少点斯文气息。有人建议，何不弄两幅郑板桥的字画，往客厅里一挂，岂不就高雅脱俗了吗？

富豪一听，猛拍大腿，妙！于是，拎着钱箱就往郑板桥家跑。名片递进去后，照例被挡在门外，理由无非是先生外出、不舒服、在练功等，一连几次都是如此。

后来，大富豪与一位大官朋友闲聊时，偶提此事。大官说："你怎么连郑板桥是什么人都不晓得？别说你啦，我想要他的画，要了好几年，都还没弄到手。"

大富豪一听，来了精神，夸下海口道："瞧我的，不出几天，定能弄几幅字画来，上面还要让他写上我的大名。"

于是，大富豪派手下人四处打探郑板桥的生活习惯和各种爱好。

这一天，郑板桥出来散步，忽然听见远处传来悠扬的琴声。曲子甚雅，不觉感到好奇，这附近没听说有什么人会抚琴呀？于是，他循声而来，发现琴声出自一座宅院。院门虚掩，郑板桥推门而入，眼前的情景让他大感惊讶：庭院内修竹叠翠，奇石林立，竹林内一位老者鹤发童颜，银髻飘逸，正在拂琴而鸣。哎呀，这不分明是一幅图画吗？

老者看见他，立即戛然而止。郑板桥见自己坏了人家的兴致，有点不好意思。老者却毫不在意，热情让他入座。两人谈诗论琴，颇为投机。

谈兴正浓，突然，传来一股浓烈的狗肉香。郑板桥感到很诧异，但口水已经忍不住要流下来。

一会儿，只见一个仆人捧着一壶酒，还有一大盆烂熟的狗肉，送到他们面前。一见狗肉，郑板桥的眼睛就粘在上面。老者刚说个“请”字，他连故作推辞的客套话都忘掉了，迫不及待地狂喝酒、猛吃肉。

风扫残云般地吃完狗肉，郑板桥这才意识到，连人家尊姓大名还不晓得，就糊里糊涂在人家这里大吃一通。现在酒足饭饱，总不能就这么一甩袖子，说声“拜拜”就走吧！

然而，又该怎么答谢人家呢？留点银子吧，不仅太俗，而且自己出来散步没带钱呀。于是，他对老者说：“今天能与您老邂逅，实在是幸会，感谢热情款待，我无以回报，请您找些纸笔，我画几笔，也算留个纪念吧。”

老者似乎还有点不好意思，连声说：“吃顿饭不过是小意思，何必在意！”

郑板桥以为他不稀罕书画，便自夸说：“我的字画虽算不上极佳，但还是可以换银子的。”

老者这才找来纸笔，郑板桥画完，又问老者的名，老者报了一个，郑板桥觉得耳熟，但又想不起来是怎么回事，还在落款处题上“敬赠某某某”。看看老者满意地笑啦，这才告辞离去。

第二天，这几幅字画就挂在大富豪新房的客厅里。大富豪还请来宾客，共同欣赏。宾客们原以为他是从别处高价购买来的，但一看到字画上有他的大名，这才相信是郑板桥特意为他画的。

消息传开后，郑板桥简直不相信自己的耳朵。他又沿着那天散步的路线去寻找，发现那里原来是座无人居住的宅院，这才意识到，自己贪吃狗肉，竟然落入人家的圈套，上当啦。

多数人在接受了他人的恩惠后，都会想方设法地还他人的人情债。所以，提前给他人好处，你才能在需要时获得他人的帮助。

## 求人有方，没有人能拒绝你

人生在世，总会遇到一些自己解决不了的事情。所以，我们常常会有求于人，或求人办事，或求人给自己提供方便、机会或具体的东西等。虽然有人说求人难，但也不至于难于上青天。只要你掌握了求人的方法，一切困难都将迎刃而解。

在求人办事的过程中，我们不难发现，同样的请求内容，不同的人，用不同的方法和语言表达出来，得到的结果也不一样。那么，怎样才能使被求者乐意答应自己的请求呢？下面，我们介绍几种运用求人语言的具体技巧，也许会有助于你的请求得到最理想的答复。

第一，替对方着想。有求于人时，还要替对方想一想，你提出的请求将会给对方带来哪些不便以及可能存在的困难等。这些难处，你说出来会比对方说出来要好得多，对方也易于帮你做事。

第二，充满自信。有求于人时，要充满自信，才能说服对方帮你。为了使我们所说的话具有说服力，切不可疑惧，应该满心欢喜地盼望，并充满自信。

第三，称赞在前。求人帮助时，一般可先适度地称赞对方某一显著的优点。比如，称赞他乐于助人，称赞他人脉广等。真诚地赞美一番可博得对方的好感，如此一来，对方也会乐于帮你办事。

第四，给对方以承诺。在求助时许下互利的承诺，让对方觉得他的付出值得。求人时，别忘了表示愿意给对方某种回报将牢记对方所提供的好处。即使不能马上回报对方，也一定会在对方用得着自己的时候尽心尽力。不用担心这种承诺会成为空头支票，没关系，尽管说，因为大凡求人者有这种意识，被求者也就会对求助者多一份好感。

第五，真诚地“捧”对方。求人办事时如果恰到好处、实事求是地称赞所求之人，尤其是在与所求之事有关的方面加以称赞，那么对方就会乐意为你办事。

第六，切勿说“你也可以”。求人办事时说“你也可以”的话语，会给对方一种这事别人也能办，而你想让他做“老黄牛”的感觉。而且在无意中也降低了对方的办事能力，必然会引起对方心中的不快。如此一来，他就会拒绝帮你办事。

第七，让对方无路可退。求人办事时，应事先设计好交谈的内容，堵住对方的退路，使对方诚恳地接受你的请求。

第八，运用商量的语气。当你求别人帮忙时，切勿武断地发布命令。若用婉转的商量的语气，效果会更好。盛气凌人、颐指气使的命令口吻，最易引起对方的反感，而平等商量、诚恳请求的语气却能使人们在心理上产生一种天然的妥协性。

第九，用激将法易成功。当你遇到某个很棘手的问题，却只有某个不大听话的人能解决时，运用激将法就会让他帮你办事。

第十，寻找“过渡”。倘若向特别要好和熟悉的人求助，可以直截了当、随便一点，但有时求助于关系一般的人、生人或社会地位较高的人时，则常常需要一个“导入”的过程。这个导入过程可长可短，得视具体情况而定。

求人有技巧，掌握了方法技巧，求人办事就能轻松取得成功。

## 把对方捧得飘飘然，令其为你办事

乍一接触“捧”这个字，也许许多人会觉得不顺眼。其实，这只是心理作用。“捧”是拉近人与人的心理距离的重要手段，可以为求人办事提供便利。“捧”是宣传，宣传是政治家所谓的“捧”；“捧”是广告，广告就是商人所谓的“捧”，不过商人的广告是“自己捧自己”。所谓“捧”，并不是瞎捧，也不是乱捧，要根据对方的实际情形来捧，因为每个人各有所短，也各有所长。普通人对于别人，只见其短处，不见其长处，且把短处看得很重大，把长处看得很平凡，所以往往有“欲捧而无可捧”之感。其实，只要你先存有“人无完人”的思想，原谅他的短处，看重他的长处，可捧的地方多着呢！而且你捧某人，并不表示欺世媚俗，只是要使大众注意对方的长处，也让对方对自己的长处因为大家的注意而格外爱惜，格外努力，做得比先前更好，所以你捧人家是“成物”，反过来，受捧之人定会感激你，那么“成物”正是“成己”。由此可见，“捧”是“成己成物”的工具，绝非卑鄙的行为。

从前，有人以不随意捧人为正直的标志。这样的人到底正直与否尚待讨论，不过这种人眼高手低、心胸狭窄，这倒是不能否认的事实。眼界高、心胸窄的人必不十分得意，因为自己不得意，对于一般人多少也有仇视妒忌的成分，所以越发不肯随意去捧人。另外，年轻人不肯随意捧人：一是认为捧人便是阿谀谄媚，有损自己的人格；二是自视太高，一般人都不放在眼里；三是担心别人胜过自己，弄得相形见绌。年轻人必须铲除这种不健全的心理，而要用心研究捧人的方法，自然能体会出其中的奥妙。

某文化公司要建一座现代化的写字楼。这一天，公司王经理在办公，家具公司的李经理找上门来推销办公家具。

“哟，好气派！我从来没有见过这样漂亮的办公室。如果有一间这样的办公室，我这一生的所有心愿就都满足了。”李经理这样开始了他的谈话。他用手摸了摸办公椅扶手，说：“这不是红木吧！难得一见的上等木料哇！”

“是吗?”王经理的自豪感油然而生。说罢，不无炫耀地带着李经理参观了整个经理室，兴致勃勃地介绍设计比例、装修材料、色彩调配，兴奋之情，溢于言表。

不用说，李经理顺利地拿到了王经理签字的办公室家具订购合同。

还有位金先生，认识许多学术界的泰斗，并常常得到他们的指点。问及他们之间的相识，也是缘于赞美运用得得法。有很多人也曾拜访过这些大师，但往往谈不上几句便无话可说，很快被“赶”了出来，而他竟成为大师们的座上客，其中的奥秘自不待言。

作为准备在学术领域有所建树的金某，自然也很仰慕这些大师，他深知拜访这些人不易。每当第一次拜访某位专家时，他先将这个人的专著或特长仔细研究一番，并写下心得。见面之后，先赞扬其专著和学术成果，并提出自己的想法。由于他谈的正是大师毕生致力于其中的领域，自然也就能激起大师的兴趣，使谈话双方有了共同话题。谈话中，金某又不失时机地提出自己不理解的地方，请求大师指点。在兴奋之际，大师自然不吝赐教。于是，金某既达到了结交的目的，又增长了许多见识，并解决了心中存在的疑惑，可谓一举多得。

在这里，金某就在有求于人时，巧妙地运用了赞语。自己所称赞的，正是对方引以为豪并最感兴趣的，自然使对方感到高兴，使其心理得到满足。此时，金某的所求也就不成问题了。当然，这只是生活中的一个方面。如果赞语运用恰当，在生活的方方面面都能行得通。

如果你能把对方捧得心甘情愿为你办事，即使事情办不到，对方也会感到过意不去的时候，你就达到了赞美的最高境界。

## 避免毫无意义的争辩

我们每一个人都会遇到不同于自己的人，大到思想、观念、为人行事之道，小到对某人、某事的看法与评判。这些程度不同的差异可能会转化为人与人之间的争辩。比方说：由于最近发生的某个社会问题而引起两者间的争论，你用某种事实或理论来证明你的意见是正确的，你通过争论的手段达到了胜利的目的，使他哑口无言。但你却万万不可忽略了这一点，他不一定就放弃他的思想来信奉你的主张。这是因为，他在心里所感觉到的，已经不是谁对谁错的问题，而是对被你驳倒他怀恨在心，因为你使他颜面扫地。所以，任何独立的、有主见的人都应正视这个问题。

如此看来，你虽然得到了口头上的胜利，但和那位朋友的友情却从此一刀两断。相比之下，你会不会觉得，当初真是欠缺考虑，仅仅为了口头的胜利而得罪了一个朋友——如果那位朋友为人小气，说不定他正在伺机报复呢！

有些人在和朋友翻脸之后，明知大错已铸成，也故作不后悔状，还经常理所当然地认为："这样的朋友不要也罢。"其实，这样对你又有什么好处？而坏处却很快可以看到，因为和别人结了怨仇，你就少了一位在你烦恼时倾吐心事、在你遭遇危难时帮你一把的人。对于这种现象，我们应该尽一切可能去避免。

基于上述理由，当一场唇枪舌剑的争辩到来之前，心理学家郑重提醒我们，首先必须冷静考虑，弄清楚以下几个事项：

第一，这次争辩的意义。如果是一些根本就很不相干的小事情，还是以避免争论为妙。

第二，这次争论的欲望是基于理智还是感情上（虚荣心或表现欲等）？如果是后者，则不必争论下去。

第三，对方对自己是否有很深的成见？如果是的话，自己这样做岂不是雪上加霜？

第四，自己在这次争论中究竟可以得到什么？究竟又可以证明自己什么？

一位心理学家曾经说过："人们只有在无关痛痒的旧事情上才'无伤大雅'地认错。"这句话虽然不胜幽默，却是事实。由此也可以证明：愿意承认错误的人是很少的——这就是人的天性。

现在，就让我们姑且认为这次争论是一次积极争论。也就是说，它值得我们去争论。但在这个过程中，我们仍需时时把握自己。在争论中最容易犯的毛病，就是常常认为自己的观点才是世界上最正确的，只顾阐述自己的观点，而忽略了要耐心地去听取别人的意见。这就往往使善意的争论变成有针对性的争论。必须强调，这种现象是十分危险的，也是很常见的。即使是最善意的争论，也是由于双方所持的观点有分歧引起的。所以，在一开始，双方就是站在对立的立场上，对对方的论点根本就不加以理智的分析，而一味地表述自己的观点和看法。如此一来，争论过程中就难免会情绪激动，面红耳赤，甚至去翻对方的陈年老账。所以，当双方都各执己见，观点无法统一的时候，你应当控制情绪，把握自己，把不同的看法先搁下来，等到双方冷静时再辨明真伪。也许，等到你们平静的时候，说不定会相顾大笑双方各自的失态呢。

而在你胜利的时候，你也应该表现出自己的大将风度，不应该计较刚才对方对你的态度。当他向你认错的时候，也万万不该再逼下去，以免对方恼羞成怒。争辩结束后，你也应该顾及对方的面子，可以给对方一支烟或一杯茶，或者要求他帮一点小忙。这样做，往往可以令他恢复愉快的心情，不至于影响你们之间的交情。

面子大师说，人性中有一种弱点，就是人类身上遗留着动物的某些天性，如喜欢被顺毛摸，一旦遭到不合己愿的对抗，则会瞪眼睛，说不定还会尥蹶子。所以，最好先站在对方的立场上想问题，顺迎其意，再提出自己的主张。只有这样，才不会因为一些小事上的争论而伤了彼此的和气。

大凡争论留给我们的印象都是不愉快的，最容易使我们良好的交际愿望落空。如果你能够在论辩之前多投入一些思考，在论辩结尾搞好"善后"工作，就能使你在辩论这种特殊交际场合，既做到个人心情舒畅，探求了真理，又不伤人际和气。

## “雪中送炭”胜过“锦上添花”

“患难之交才是真朋友。”这话大家都不陌生，有时候不用很费力地帮助别人一把，别人也会牢记在心，投之以桃，报之以李。

晋代有一个人叫荀巨伯，一次去探望朋友，正逢朋友卧病在床。这时，恰好敌军攻破城池，烧杀掳掠，百姓纷纷携妻挈子，四散逃难。朋友劝荀巨伯：“我病得很重，走不动，活不了几天了，你自己赶快逃命去吧！”

荀巨伯却不肯走，他说：“你把我看成什么人了？我远道赶来，就是为了来看你。现在，敌军进城，你又病着，我怎么能扔下你不管呢？”说着，便转身给朋友熬药去了。

朋友百般苦求，叫他快走。荀巨伯却端药倒水安慰说：“你就安心养病吧，不要管我。天塌下来，我替你顶着！”

这时，“砰”的一声，门被踢开了。几个凶神恶煞般的士兵冲进来，冲着他喝道：“你是什么人？如此大胆，全城人都跑光了，你为什么不跑？”

荀巨伯指着躺在床上的朋友说：“我的朋友病得很重，我不能丢下他独自逃命。”他正气凛然地说：“请你们别惊吓了我的朋友，有事找我好了。即使要我替朋友而死，我也绝不皱眉头！”

敌军一听愣了，听着荀巨伯的慷慨陈词，看看荀巨伯的无畏态度，很是感动，说：“想不到这里的人如此高尚，怎么好意思侵害他们呢？走吧！”说着，敌军撤走了。

在与朋友应酬交往时，人们总是可以敏感地觉察到自己的苦处，却对别人的痛处缺乏了解。人们不了解别人的需要，更不会花工夫去了解。有的甚至知道了也佯装不知，大概是没有切身之苦、切肤之痛吧。

虽然很少有人能做到“人饥己饥，人溺己溺”的境界，但我们至少可以随时体察一下别人的需要，时刻关心朋友，帮助他们脱离困境。当朋友身患重病时，你应该多去探望，多谈谈朋友关心的、感兴趣的话题；当朋友遭到挫折而沮丧时，你应该给予鼓励；当朋友愁眉苦脸、郁郁寡欢时，你应该亲切地询问他们。这些适时的安慰会像阳光一样温暖受伤者的心灵，又像甘露一样滋润着干渴者的心田。

人的一生很少有一帆风顺的，难免会碰到失利受挫或面临困境的情况。这时候，最需要的就是别人的帮助，这种雪中送炭的帮助会让人铭记一生。

# 第十篇
# 交友的心理策略

茫茫人海中，与人相交是一种缘分。古语云："物以类聚，人以群分。"想成功，不仅要广交朋友，更要善于择人交友。一个善于交际的人，能与许多人建立良好的关系，能在普通关系中增进彼此间的友谊，能把见到的人都变成朋友。这些不同层次的朋友，会在他的人生道路上发挥重大的作用，成为其事业上的好帮手。

## 记住他人名字，拉近彼此距离

国外一则格言说，人对自己的名字比对地球上所有名字的总和还要感兴趣。那些有所成就的人往往能够记住很多人的名字，不管是名人还是门童。记住别人的名字，而且很轻易就能叫出来，等于给予别人一个很巧妙而又有效的赞美。

现代社会里，随着人们交际范围的不断扩大，结识的人也越来越多。无论是生意场上还是经朋友介绍，或者是在其他应酬的场合，我们都会跟许多陌生人见面，握手，交换名片，夸张地寒暄。可一转身，关于这个人你可能就忘得光光的。所以，社会上就有了这边说完“久仰，久仰”，转过身跟别人说了两句话，回来又问“您贵姓”的笑话。

吉姆·法利从来没有见过中学是什么样子，但在他46岁时，竟有四所大学授予他学位，他成了民主党全国委员会领袖，当上了美国邮政总局局长。他成功的秘诀在哪儿呢？原来，在他早年以一个石膏推销商的身份外出闯荡的几年中，在他担任故乡镇公所职员的几年中，他创造了一套熟记人名的方法。他自信地说：“我能叫出名字的人有5万。”

法利年轻时就发现，一般人对自己名字的兴趣远远超过对地球上所有人的名字的兴趣。如果能记住这个名字并能随口叫出来，那么你就在无形中恭维了他，这是非常微妙而有效的恭维。但是，如果忘记了这一点或写错了一个名字，你就会给自己造成完全不利的处境。

法利是怎样记住这么多人的名字的呢？一开始很简单，每当他新交一位朋友时，他询问此人的全名，他家庭有多少人，他做什么生意以及他的政治观点和倾向。然后，他将这些情况想象成一幅图纸，将它全部储入大脑。下一次再见到这个人时，即使是在一年以后，他也能拍拍他的背，问问他的太太和孩子的近况，问问他在后院里种植的蜀葵生长得怎样，这样无疑使他多了一位崇拜者。

有人说，正是凭借法利的这种熟记人名的非凡能力，富兰克林·D. 罗斯福才得以入主白宫。当然，罗斯福本人对人名的记忆也可称得上是一手绝活，他甚至还花时间去记住并回想所接触过的机械师的名字。

那是在罗斯福当上总统后，克莱斯勒公司特意为总统造了一辆小轿车，并派马弗·钱伯林带着一名机械师把车送往白宫。到了白宫，机械师也被介绍给总统。但他是个很腼腆的人，总是站在不起眼的地方，没和总统说一句话。可是，总统在与他们分手前，四处寻找那位机械师，同他握手，叫出他的名字。钱伯林在讲述这次难忘的经历时说："我教会了罗斯福总统怎样操纵那辆有许多特殊设备的汽车，可他教会了我许多处理人际关系的绝技。"

遗憾的是，我们中的大多数人没有意识到名字的重要意义，不愿花时间去专心记住他人的名字。

请记住：姓名虽然是人称的符号，但更是人生的延伸。许多人一生奋斗都是为了成功出名，所以，人对自己姓名的爱犹如对自己生命的爱。

有一位经营美容店的老板说："在我们店里，凡是第二次上门的，我们规定不能只说'请进'。而要说：'请进！××小姐（太太）。'所以，只要来过一次，我们就存入档案，要全店人员必须记住她的尊姓大名。"

如此重视顾客的姓名，使顾客感到备受尊重，走进店里颇有宾至如归之感。因此，老主顾越来越多，不用说生意愈加兴隆了。

安德鲁·卡内基被人誉为钢铁大王，但他本人对钢铁生产所知无几，他手下有几百名比他懂行的人在为他工作。他致富的原因是什么呢？他知道怎样利用顾客的名字来赢得顾客的好感。比如，他想把钢轨出售给宾夕法尼亚铁路公司。当时，那家公司的总裁是齐·埃德加·汤姆森。卡内基就在匹兹堡建造了一座大型钢铁厂，并取名为"埃德加·汤姆森钢铁厂"。这样，当宾夕法尼亚铁路公司需要钢轨的时候，就只从卡内基的那家钢铁厂购买。

在任何语言中，对任何一个人而言，最动听、最重要的字眼就是他的名字。当你走在陌生的人群中，突然听到有人呼唤你的名字，什么感受？兴奋！假如这个能叫出你名字的人是曾经向你推销过某种商品的人，这丝毫不影响你的愉快情绪，只能加深你对他的好感。

姓名是人的符号，更是人生的延伸。许多人一生奋斗都是为了成功出名，人对自己姓名的爱犹如对自己生命的爱。

## 保持一点神秘感

自古以来，有雄心成大事的人都善于隐藏自己，能以静制动，看似没有，实则充满。你越是和他交往，就越觉得他的高深莫测。这样的人，永远有出人意料的惊人之举。他们通常具有广博的知识和敏捷的反应，能够随时应对各种状况，绝不会出现江郎才尽的窘态。有雄心的人就应该具备这种能力，把自己的能力"隐藏"一部分，而不要遇事就强出头，要给人一点神秘感！

《三国演义》中有一段"曹操煮酒论英雄"的故事。当时，刘备落难，投靠曹操，曹操很真诚地接待了刘备。刘备住在许都，为防曹操谋害，就在后园种菜，亲自浇灌，以此麻痹曹操。

一天，曹操约刘备饮酒，议起谁为世之英雄。刘备点遍袁术、袁绍、刘表、孙策、刘璋、张绣、张鲁、韩遂，一一被曹操贬低。于是，曹操点出英雄的标准："胸怀大志，腹有良谋，有包藏宇宙之机，吞吐天地之志。"刘备问："谁人当之？"曹操说，只有刘备和他才是。

曹操正好说到刘备的志向，刘备被曹操点破是英雄后，竟然吓得把匙箸也丢落在地上。恰好当时雷声大作，刘备从容俯拾匙箸，并说："一震之威，乃至于此。"这就十分巧妙地将自己的慌乱掩饰过去，从而避免了一场劫难。刘备在煮酒论英雄的对答是非常聪明的。

刘备藏而不露，人前不夸张、不显耀、不吹牛、不自大，装聋作哑不把自己算在"英雄"之列。这办法是很让人放心的，至少在表面上收敛了自己的行为。一个人活在世上，是不能过于张扬的。

让人一眼就看出能干的人，其实称不上能干。真正的高手是那些表面上看起来平平庸庸，而实际接触却发现他深不可测的人。越是让人看不透的人，就越是能够吸引别人的注意，越是这样就越让人想要进一步接触。

前日本首相田中角荣就是一位具有这种能力的政治家。他不但经常能够提出别人意想不到的构想，并且行动中也能发挥自己的创意，因此吸引了许多支持者。虽然他最后因为丑闻而下台，但若不是受到金钱与权力的诱惑而导致这样的下场，他那高深莫测的心思的确能使他成为很受大众欢迎的政治家。

人与人的交往就是建立在实际的接触上。如果你是个交往一两次就让人厌烦的人，那么你便不是有能力的人。每次见面都给人不同的感觉，这样的人总是让人很想知道接下来他又有什么新的灵感，这种能力就是具有未知的神秘感。这种未知的神秘感，平常看起来总是有些不足，但一遇到现实的问题马上展现出实力。换言之，平常保留一半的实力，有需要的时候总有惊人之举。一向都强出头，表现出精明能干的样子，到了紧要关头却手足无措，这是不懂得如何运用智慧的人。

别人越是不了解你有多少本事，就越想了解你的实力。培养足够的实力却不做非必要的表现，是成功做人的一大技巧。

## 及时清理“有毒朋友”

谁都需要朋友和友谊，越来越多的人认识到朋友可能是他们感到不快乐的根源。这个现象引起了心理学界的关注，如何摆脱变味的友谊和“有毒朋友”成了热门话题。

那些用语言或行为给人带来困扰，让人感到精疲力竭、灰心丧气，最终破坏自己的心情和生活的朋友，被称作“有毒朋友”。这类朋友主要有下面几种类型：

第一，暗中破坏型。这样的朋友会打着关心你的幌子，他们经常暗示性地批评你的外表、习惯及行为方式。

第二，滔滔不绝型。这种类型以女性居多，她想尽办法要成为关注的焦点，让你围着她转，把她视为公主或主角，你只能当配角和听众。

第三，自私自利型。以友谊要挟，不理你死活，逼你迁就。比如，明知你第二天一早上班，还逼你玩到深夜。

第四，惯于毁约型。约好了去逛街，但如有更好玩的约会，会毫不犹豫在最后一刻甩掉你。

第五，多愁善感型。老向你哭诉抱怨，却不解决问题，令你精疲力竭，把你当作不收费的治疗师。

我们冷静下来想一想，“有毒朋友”其实在身边并不少见，相信每个朋友身边都会有那么几个“有毒朋友”。他们见不得你比他好，有意无意地挖苦你、嘲笑你。要想摆脱“有毒朋友”带来的困扰，最理性的解决办法是静下心来，好好盘点清理自己的朋友圈子。中国有句古话：“己所不欲，勿施于人。”因此，除了专家建议的定期清理自己的朋友圈外，我们也要不断反省自身。说不定，我们自己就是别人眼中的“有毒朋友”。

对于不同类型的“有毒朋友”，我们应该采取不同的方式来“消毒”。

第一，对于暗中破坏型朋友。在交往过程中，有鉴别地听取他的语言，特别是批评性语言，考虑其言语的合理性和科学性的成分，必要时抱着“走自己的路让他说去吧”的态度。人生是一个从失败中吸取教训建立自信的过程，若一味提示缺点，使人产生心理暗示，就会强化缺点，导致事情更糟糕。

第二，对于滔滔不绝型朋友。一方面，要认真倾听，这是作为朋友的一种义务。但在适当的时机，我们要表达出自己的意见和建议。另一方面，如果对方仅仅把我们作为他的听众，我们就可以在听他喋喋不休时，或者心不在焉，或者只做自己的事情，必要时告诉他自己有太多的事需要完成，等完成这些事情之后再听他说。这样一来，他就很知趣地少说或不说了。

第三，对于自私自利型朋友。一方面，可以根据他需要帮助的实际情况提供必要的帮助，尽朋友之义，让他知道你是一个有情有义之人。另一方面，要让他知道你是一个有原则的人，不是一个容易受到要挟的人。

第四，对于惯于毁约型朋友。遇到这样的朋友，我们对约定不要太当真。必要时，自己故意失约几次，“以其人之道还治其人之身”，让他知道“毁约”的影响与滋味。对朋友应当守信，但不要把不守信的人当作你的朋友。

第五，对于多愁善感型朋友。这类朋友女性居多。我们在一定程度上倾听她诉说，给予一定安慰。同时，也要告诉她，自己对她的事情无能为力，建议或推荐她到一个专业的心理咨询师那里去，效果会更好些。每个人都应该为自己负责，她没有权利要求朋友听她无休止的抱怨。同样，你也没有义务给只会抱怨却不解决问题的朋友当治疗师。

每个人都需要朋友，每个人都希望多些“良友”，少些“损友”。

## 三分钟把陌生人变成熟人

一见如故，相见恨晚，历来被视为人生一大快事。善于和素昧平生者打交道，掌握套近乎的诀窍是十分必要的，也是大有裨益的。

和陌生人搭讪、套近乎，经常是以这样的方式开始的："请问，您是哪的人？哪个学校毕业？听您说话的口音，您应该是北方人……"有些人认为，这一类的话都是无聊的废话。他们不喜欢谈，也不屑于谈，他们不知道像这一类看似没有意义的话的意义之所在。其实，初次见面，这些都是挺好的话题，以此作为开端，继续交谈下去就会容易很多。实际上，这并不是简单的寒暄，而是有意在试探对方的态度。

那么，如何在最短的时间内，把陌生人变为熟人呢？下面介绍的几种方法就能收到立竿见影的奇效。

第一，要学会微笑。微笑永远是人际交往最好的通行证。有了好印象，彼此间的陌生感就会消除。人与人之间的感情是在不断的交往中培养的，随着了解的深入，陌生人就会变成朋友。

第二，巧妙地借用彼时、彼地、彼人的某些材料为题，借此引发交谈。有人善于借助对方的姓名、籍贯、年龄、服饰、居室等，即兴引出话题，常常取得较好的效果。关键是灵活自然，就地取材，要思维敏捷，能作由此及彼的联想。

第三，从对方的外貌谈起。每个人都对自己的相貌或多或少地感兴趣，恰当地从外貌谈起就是一种很不错的交际方式。有个善于交际的朋友在认识一个不喜言谈的新朋友时，很巧妙地把话题引向这个新朋友的相貌上。"你太像我的一个表兄了，刚才差点把你当作他。你们俩都高个头，白净脸，有一种沉稳之气……穿的衣服也太像了，深蓝色的西服……我真有点分不出你们俩了。""真的？"这个新朋友眼里闪着惊喜的光芒。当然，他们的话匣子就打开了。

第四，问陌生人的兴趣，循趣发问，能顺利地进入话题。如对方喜爱象棋，便可以此为话题，谈下棋的情趣。如果你对下棋的回答略通一二，那肯定谈得投机；如你对下棋不太了解，那也正是个学习的机会，可静心倾听，借此大开眼界。

第五，寒暄与问候。这是人际交往中，一种礼节上或感情上的互酬互通行为。它本身不正面表达特定的意义，却是在任何人际交往中必不可缺少的。它是交谈的“导语”，具有抛砖引玉的作用，是人际交往中不可缺少的重要一环。在社交活动中，几句得体的寒暄语，会使气氛变得融洽，会使两个人相见恨晚，这有利于顺畅地进入正式交谈。

第六，表达友情。用三言两语恰到好处地表达你对对方的友好情意，或肯定其成就，或赞扬其品质，或同情其处境，或安慰其不幸，就会顷刻间暖其心田，感其肺腑，就会使对方油然而生一见如故，欣逢知己之感。

第七，同陌生人交谈，要努力营造一种轻松愉快的气氛。首先，从你自己做起，你同他谈话要直率而坦然。最要紧的是使对方不感到拘谨。在谈话过程中，要随时留心对方态度的变化。不要以为你感兴趣的对方也一定感兴趣。对对方的兴趣，你倒是要充分尊重的。当对方谈兴正浓时，你千万不可打断他；而当对方兴趣转移时，你则不要纠缠原来的话题，而应随机应变地巧妙地引出新话题。要认真倾听对方的讲话，但不能一眼不眨地紧紧盯住对方。你的眼神要随时表现出你对他的理解、信任和鼓励，而不是怀疑、挑剔和苛求。一道严厉的目光，会使对方把只说了一半的话吞回去。只要你主动、热情地通过话语同他交流，就能赢得对方的好感，就能拉近你们之间的距离。因为初次见面时的三言两语是叩开对方心扉的敲门砖，也是使人一见如故的秘诀。

一个陌生人在你面前并不可怕，可怕的是你不能与他交谈。

## 警惕身边这些人

坏人不会穿着特别的衬衫，额头上也没有做记号。而我们总是不得不根据猜测做出很多跟别人有关的决定，这又迫使我们经常采取许多很不理性的办法。这些办法很有可能会变成我们一辈子都深信不疑的迷信——“不要相信年过30岁的人”“千万不要相信男人”“千万不要相信女人”“千万不要相信任何人”等，都是最常见的例子。我们需要一条清楚的规则，甚至是一条放诸四海皆准的规则，因为“知道什么人得提防”对我们来说实在太重要了。但上述这些办法涵盖范围太过广泛，根本起不了什么作用。更糟糕的是，这些办法很容易让我们感到焦虑和痛苦。

某一厂家准备从国外进口一批设备。原主管发现这批设备是一些废旧机器，不过略加修理而后又涂了一层新漆而已。不仅机器陈旧，价格也偏高。因此，该主管据理力争。谁知，他的一个副手却放出风来并悄悄投递黑函，说他接受贿赂浪费公款。很快，他被停职检查，而他的副手则继任他的主管职位。设备终于引进来了，使用不久就故障百出。后来，他才弄清楚那黑函及谣言都是他的副手一手制造的，是那位副手自己贪图财物，妄想官职，于是接受回扣，陷害他人，终于爬上主管宝座，得意扬扬地满意于官财俱得。此事后来不了了之，那位原来的主管却因此在很长一段时间内难以再翻过身来。

这样的例子是很多的。朋友多了路好走，但朋友并非越多越好。对一些人，还是与他们保持距离为好。以下几类人就不值得交往：

第一，不孝敬父母的人。一个人如果连生养自己的父母都不孝顺，其对感情的态度可见一般。这类人随时会出卖你，不交也罢。

第二，城府太深的人。有些人韬光养晦，把自己包得很紧，相处几十年从不讲自己的想法，也很难挑出他的毛病。与这类人相处，让人怀疑他的真意何在。

第三，喜欢奉承献媚的人。这类人表面上十分热情，处处投你所好，骨子里却另有所图，必须看清这类人的真面目。

第四，唯利是图的人。这类人是“万能胶”，粘上很麻烦。这类人占便宜没够，吃亏难受，占不到便宜就立刻不理你。

第五，搬弄是非的人。这类人本事不大，搬弄是非的能力很大，好传闲言，甚至无中生有。一个团队中如果有一两个这样的人物，就很难保持团结。

第六，口蜜腹剑的人。这类人比搬弄是非的人更可怕。这类人当面把你当作挚友，但只要有损于他的一根毫发，马上翻脸。

第七，轻诺寡信的人。这类人当面大包大揽，过后啥事不办，毫无诚信。对这类人，不可托付办事。

第八，信口开河的人。这类人兴之所至，高谈阔论，东拉西扯，言不及义。与这类人相处，毫无进益可言。

第九，人走茶凉的人。这类人常常是：你在职时，会百般奉承你；你一旦退休，立马不认账，又去找新的靠山。

第十，过分亲密的人。这类人好奇心强，对别人的事情总要问个底朝天，隐私也不放过。与这类人相处，会感觉很累。

第十一，过分冷淡的人。这类人生性孤僻，不愿与人交际。你热情相交，他却爱理不理。对这类人，还是相忘于江湖吧！

如果一个人一直在伤害他人或做出过分的行为，却又经常装可怜博取你的同情，那么你就要小心，他极有可能就是没有良心的人。

## 防备突然升温的友情

在生活中，你也许遇到过这样一种情况：有些人原来跟你关系平平，甚至根本就不认识，但是有一天，这个人却突然来造访你，并且对你大献殷勤、跟你套近乎，摆出一副不跟你交上朋友誓不罢休的样子，用各种方法一定要粘住你。这就是那种突然升温的“友情”。

对于这种突然升温的“友情”，要做的第一件事就是要保持冷静。冷静想一想这个人为什么这样费尽心思来结交你、要与你交朋友。假如你是一个无权无势的平民百姓，假如你什么样的社会关系都没有，那么你就应庆贺你自己。这是因为，你可能用你的人格魅力吸引了他，使其愿意与你结交。但如果不是这个样子，哪怕你手中只有一丁点的权力，哪怕你只有一个“阔”亲戚，那么你就得提防，此时来和你套近乎的人一定是要利用你，他正在给你下套，你可千万不要自投罗网。

然后，就是他热你不热。他跟你热情，你只要保持相应的礼节就可以了。你没有必要像他那样热情，你不能受他的感染和影响。只要你能够做到这两点，相信你在处理这种突然升温的“友情”时，一定能游刃有余、从容自如。

要分析这种“友情”是否含有“企图”并不难，首先要看看自己目前的状况，是否握有资源，如有权有势。如果是，那么这个人有可能对你有企图，想通过你得到一些好处；如果你无权无势，但是有钱，那么这个人也有可能会向你借钱，甚至骗钱；如果你无权无势又无钱，没什么好让别人求的，那么这突然升高热度的友情基本上没有危险——但也有可能“项庄舞剑，意在沛公”，是想利用你这个人来帮他做事，如有些人就被骗去当劳力，或是重点在你的亲戚、朋友、家人，而你只是他过河的踏脚石。

从自身的状况检查这突然升高热度的友情真的有没有“危险”之后，你的态度仍要有所保留，因为这只是你的主观认定，并不一定正确。所以，面对这突然升高热度的友情，你要不推不迎。“不推”是不回绝对方的“好意”，就算你已经看出对方的企图也不要立即回绝，否则很可能立即得罪一个人；但也不能迫不及待地迎上去，因为这会让你抽身不得，抽了身又得罪对方，把自己变得很被动。不推不迎就好比男女谈恋爱，回应得太热烈，有时会让自己迷失；若突然斩断“情丝”，则会惹恼对方。对这种友情，还要“投桃报李”：他请你吃饭，你送他礼物；他帮你忙，你也要有所回报，否则他若真的对你有所图，你会“吃人嘴软，拿人手短”，被他牢牢地控制住，想要临事脱逃，恐怕没那么容易。

当你面临一种突然升温的友情时，要冷静视之，不推不迎，礼尚往来，这样你就不会陷入一种被动的局面。

## 珍惜你的“贵人”

在追求人生成功的道路上，我们与其打着灯笼在黑夜中苦苦寻求，倒不如踩着成功者的足迹往前跑。那些开路的先驱就是我们人生旅途上的贵人。那些能够提携、帮助我们办成人生大事的人就是我们的贵人。

在攀向事业高峰的过程中，寻找贵人相助往往是不可缺少的“手腕”。贵人所给予我们的一次扶助、一次机会、一句话甚至一个眼神，通常都不是我们用聪明、努力或金钱可以替代的。没有贵人的帮助，我们将难有作为。因此，寻找贵人、依靠贵人是我们办成大事必须依靠的一种“手腕”。

小沈阳火了！凭借春晚小品《不差钱》中诙谐幽默的表演，一举成为一颗亮丽的新星，征服了全国的观众。一时间，小沈阳家喻户晓，红遍祖国的大江南北。

小沈阳出生于开原市一个贫苦的农民家庭，自小就表现出超人的艺术天分。后来，进入铁岭县艺术团学习二人转表演。2000 年，进入吉林林越艺术团。2006 年，正式成为赵本山的弟子，开始系统地学习二人转。通过老师的悉心指导和自身的刻苦努力，小沈阳在艺术的道路上有了质的飞跃，并开始在电视剧里崭露头角。

他不仅二人转演得好，歌唱得也非常棒，模仿能力更是惊人，刀郎、刘德华、张雨生、阿杜、阿宝等歌星的声音，他都能模仿得惟妙惟肖，令人叹为观止。

作为一名艺人，上春晚是他最大的心愿，虽然没有多少报酬，但春晚庞大的观众群体对于提升一个演员的知名度来讲是无与伦比的。从这个意义上来讲，春晚简直就是一个效率极高的“造星机器”。正因如此，对于一名普通的演员来讲，要想上春晚简直比登天还难。小沈阳又是凭什么在春晚上一炮走红的呢？这是因为，他找到了赵本山这座最大的“靠山”，找到了“贵人”。

作为赵本山在 2006 年收的徒弟，小沈阳正是凭借赵本山的提携才得以走上春晚舞台的。可以说，正是依托赵本山这个“靠山”，小沈阳才得以成功。

现在看来，小沈阳的成功有偶然也有必然。偶然是遇到了“靠山”赵本山，必然是小沈阳本来就有特殊的才艺，比如他可以学很多明星的演唱，甚至可以比原唱声音更高。当然，归根结底还是必然在起作用。如果没有这一身才艺，遇到一百个赵本山，小沈阳也火不了！但若没有这个偶然起作用，小沈阳或许还要奋斗好几年！

在你的一生中，总会碰到几个贵人。例如，在你工作不是很顺利，表现不佳，心灰意冷，开始想打退堂鼓之时，你的一位上司却在这时候推了你一把，设法帮助你跨过了门槛，重燃你的斗志。那么，这个人就是你生命中的“靠山”。

俗话说，“爱拼才会赢”“七分努力，三分机遇”。但偏偏有些人是拼了十分努力，却因为没有一分机遇而失败，这些人就是没有遇到贵人。也就是说，“贵人”在一定情况下对我们的发展起着至关重要的作用。

有一份调查表明，凡是做到中、高级以上的主管，有90%的人都受过栽培；至于做到总经理的，有80%的人遇过贵人；自己创业做老板的，竟然100%的人都曾被不同等级、不同领域、不同身份的贵人提携与扶助。

古今中外，在名人的成功历程中，总有一些至关重要的人物在其中发挥着巨大的作用。在接受别人帮助的同时施展出自己不负栽培的本事，这才是他们把握历史性机遇的关键一步，也是他们最终成名的要素之一。

这其中的道理是不难理解的。一个人要想取得某种成就，必须具备一定的条件，而这些客观条件却往往掌握在别人的手中。接受别人的支持和帮助，就像一颗优良的种子不拒绝一块适合自己生长的土壤一样，势必会加速一个人的成功，有时甚至决定着一个人的命运。

有些知名度较高的人之所以成名，是与贵人的倾力相助是分不开的。是贵人使他们得到机会，是贵人使他们快速成长。

俗话说：“一个篱笆三个桩，一个好汉三个帮。”不懂得或不善于利用他人力量，光靠单枪匹马闯天下的人，在现代社会里是很难有大作为的。拥有一颗真诚的心，把握每一次帮助别人的机会，与他人多保持联系，而不要太过于功利性。说不定，你身边的哪个人将来就会成为你的“贵人”！

贵人是人脉网中承上启下的交织点，是你事业成功的“靠山”。没有贵人，你的“关系网”就无法伸展。

## 让自己成为交际圈的重要人物

一个人活在世界上，他最大的悲哀并不是失败，而是不能证明自己的存在。我们追求成功，追求人生的辉煌，其实就是为了向世人证明一件事："我存在着，你们谁也不能忽视我的存在!"

冷静地想一想，这也许是我们人类的一大弱点。即使是一个小孩子，他也会用自己的形式提醒人们，关注他的存在。相比之下，我们成人自然会有自己更高明的方法。了解了这一点，我们在管理公司的人员、业务等时，我们在处理人际关系时，就可以利用人性的这一弱点，去描绘我们的成功。具体的做法是尽力地使别人感到他是不可缺少、不可替代的。这一做法可应用于许多不同情况之中。

有个人这样描述自己是如何应用这一原则的："我们刚搬进那个陌生的居民区时，没有人主动跟我们打招呼。我们很想早日打开这种尴尬的局面。所以，我就建议我的太太，分别跟每一位邻居借些小东西，任何东西都可以，像少量的咖啡、肥皂、面粉等。如此借还之间，就能自然而然地建立起友谊。因为人们通常都很乐意帮助别人一些小忙。只要给他们多提供一些诸如此类的机会就好了。"

借一些小东西，使别人感觉到他自己的存在、他自己对于别人的重要性，于是，他也就注意到了你的存在。

人们都渴望别人能感觉到："他们是你生活的一部分，在你心中占有一点分量。"如果能满足他们这项需求，你就能轻易获得他们的赞美、尊敬，以及通力合作的回报。

所以，一个聪明的领导、老板、教师，甚至一个家长，都会给自己的下属、员工、学生、家庭成员提供一个让他们表现自我的机会。只要他意识到自己对于单位、公司、班集体、家庭是不可或缺的，他付出再多的努力和劳动也是愉快的。他感到，在别人的心目中，他是很重要的。

当然，如果你是一个下属，你就要想方设法给你的上司一个表现自己重要性的机会，使你的上司感觉你是一个需要帮助、需要教导、值得投资的对象。如果你满足了老板的这种心理需求，你以后在公司的日子就好过了。所以，要尽力使你的同事们、顾客们、孩子、丈夫或妻子，也就是任何一个跟你亲近的人都觉得你确实是很需要他们的。

但有以下两件事情你千万要记住：

第一，不要傲慢自大，不要有非分要求。前者只能使大家更远地离开你，而后者会把别人吓跑。

第二，不要忘记对他们表示真诚的谢意。一般说来，人们很乐意帮助别人。可是，唯有在感觉到“这样做是很值得的，而且你也会很感激”时才会继续下去。而你不感谢，就等于仍然无视他们的存在。

在我们发展事业的过程中，要让你周围的人都觉得自己很重要，其做法与我们上述的在日常生活中的肯定会有所不同，其难度也要大一些，过程也要更复杂一些。但是，有一个基本的原则不会改变，即你使周围的人觉得自己很重要。反过来说，这也证明了你自己更重要。别人觉得自己很重要，他就会更加卖力地为你工作、为你服务。

在这一方面，日本松下公司的做法很值得我们借鉴和学习。

松下公司正是在创造和培育人作为公司的根本思想的指导下，十分重视对“创造产品的人”的培育和训练使用。正因为这样，公司的人上自部门经理、下至普通的员工，都觉得自己对于松下公司是十分重要的。所以，其工作的积极性才得以最大限度地提高。

松下公司把“训练和职业发展”作为企业的方针，公司20多万职工都会接受长时间的培训。公司对各部门的经理要求更为严格，每6个月就要进行一次标准化的成绩考核。通过对公司员工的培训，不仅训练出具有高度生产能力的工人，而且培育出一批既具有实际工作能力，又具有丰富生产和销售经验的人才，这些人才成为企业不断向前发展的动力。在企业正常发展的情况下是如此，即使在公司受到世界性经济衰退的影响其经营受到挫折的时候也是如此，因为每个人都觉得自己对松下公司很重要，因而在公司遇到困难的时候，大家都争先恐后地为公司走出困境出谋划策。松下集团在新加坡开设的分公司曾一度销售额大幅下降，生产量压缩，但松下公司并没有采取其他公司在这种情况下常用的裁减人员的做法，而是用大约30万日元的资金对1300多名工人进行综合教育与业务培训，反复强调他们对于松下公司的重要性。这样一来，不但提高了工人的生产技术水平，而且使广大员工感到公司在十分困难的情况下仍然如此重视他们，跟他们同舟共济，密切了员工与公司的关系。

令松下公司的老板松下幸之助引以为自豪的就是他能够从一些看似平凡的人身上取得不平凡的效果。松下幸之助的具体做法就是让这些平凡的人觉得自己并不平凡，而且他们后来的表现也证明了他们的确不平凡。松下幸之助从来不去一些著名的大学里去选择人才，而是十分注意从公司内部职工中发现人才，然后量才使用。他在使用的过程中注重实际工作能力和工作业绩，用人不分亲疏，把许多年轻人直接提拔到重要的工作岗位上。1986 年，松下幸之助提拔名不见经传的山下俊彦出任松下公司总经理，而将自己的女婿松下正治由总经理改任董事长。这次的人事安排令人十分惊讶，因为山下俊彦不仅与松下幸之助毫无血缘关系，而且又十分年轻。但是，松下幸之助慧眼识才。山下俊彦出任总经理后，根据世界市场形势的变化和家用电器的发展趋势，及时果断地改变原公司的生产体制，由生产家用电器单一制造系统扩展为生产电子科技产品等多门类的生产体制，使公司销售额逐年增加，从而造就了松下电器公司新的发展阶段——山下时代。

山下俊彦之所以能够如此，就是因为他自从被提拔到公司总经理的位置后，充分感觉到他自己对于松下公司的重要性，因而其工作的主动性就大大提高，这才造就了松下公司的又一次辉煌!

如果一个人能够使自己周围的人都觉得他很重要，那么，他本人就会在交际圈里变得越来越重要。

## 敢于结交“大人物”

你希望认识“大人物”吗？如果你想把自己的事业做大，如果你想挣更多的钱，如果你想让自己的交际圈子更广，毫无疑问，你需要“大人物”的影响力。然而，“大人物”不是那么容易见的，“大人物”的时间是非常宝贵的，“大人物”不是非要见你不可。因此，要获得“大人物”的认识进而取得认可，就必须找到合适和有效的途径。

无论是在学校还是走向社会，结识权威都有助于形成这样的链条：接触“大人物”——了解“大人物”——见贤思齐；学习“大人物”——砥砺前行，甚至成为“大人物”；被“大人物”了解——被“大人物”赏识——从“大人物”那儿获得激励和机会。

当你与“大人物”交谈时，切记，把你谈话时间的99.9%都用在询问“大人物”的事情上。这就是打开“大人物”心门的金钥匙。千万不要谈你自己的事情，除非你极其有把握知道，谈比不谈更好。

我们第一次与“大人物”交谈时，只需要给他留下一种印象就可以。什么印象呢？可以激发他去认识你、喜欢你并相信你的印象。只要他能获得这种感觉，他的影响力也就开始跟你有关系啦，因为这种感觉是培育一种双赢关系过程中极其关键的东西。作为“大人物”，对方非常清楚这一点。我们可以通过“设问”来做到这一点，方法就是“问正确的问题”。我们需要问的问题应该是开放式结尾的，以便对方回答时感觉良好。“开放式结尾”的问题你可能知道，就是该问题不能用简单的“是”或“不是”来回答，而需要较长的答案。“您是如何创立您的事业的？”没有人不喜欢讲自己的故事，每一个人都喜欢自己在他人心里成为主角。那么，就让“大人物”与你一起分享他们的故事吧。你要做的就是——主动地倾听。

人与人之间不可能总是两条平行线，总有交叉的时候。“小人物”与“大人物”也是这样，总有交往或合作的契合点。有人总结了结识“大人物”的十大“秘诀”：

第一，拥有“大人物”的思想。你的思想境界和阅历已经达到可以和他们沟通的水平，才能获得这样的机会。这也说明了不断充实自己“内存”的重要性。

第二，进入“大人物”的环境。你要结识“大人物”，首先要知道“大人物”都在哪里或常去哪里。只有在有“大人物”的地方，你才能结识“大人物”。你要结识“大人物”，你就必须进入他们的环境。

第三，要有非凡的勇气与自信。跟企业家、成功者交往，你一定要有非凡的勇气与自信。自信是人生成败、幸福与否的关键。没有自信的人难免会畏首畏尾、瞻前顾后、摇摆不定，有机会也没有勇气去抓。要建立自信，最关键的一点就是要时刻着眼于自己的长处，要敢于拿自己的长处比别人的短处。

第四，要注意细节和察言观色。所有的大事情都是由小事情累积而成的，所以越伟大的成功者就越注意细节。跟“大人物”交往，你一定要察言观色，要非常小心。

第五，要谦虚有礼，从礼仪、礼节方面对自己进行规范。你一定要非常谦虚，要有礼貌，因为“大人物”都非常谦虚和注重礼节。看一个人是否是“大人物”，你只要看他如何对待“小人物”即可。

第六，要学会真心地尊重和赞赏对方。每个人都渴望被尊重和赞赏，“大人物”更是如此。成为“大人物”，也正是满足他这种需求的一种表现。

第七，要学会倾听和问问题。每个人都喜欢说教，所以，请教和倾听就显得尤为重要。

第八，要学会宽容对方。宽容对方就是给自己更大的空间。为对方留有余地，自己进入对方的空间就越大。

第九，要学会付出，帮助“大人物”或为他工作。每个人都渴望索取，没有人会拒绝别人的帮助。只要你是给别人东西，只要你是为别人着想和帮助别人，关系就会很容易建立。

第十，人脉在于长久的经营，不断地维持关系。每个人都渴望被重视。成功学大师说过：“建立人脉最好的秘诀就是花时间与他相处。”你越花时间在一个人身上，就说明你越重视他。

想要结识一个难以触及的“大人物”，最好的方法莫过于先结识到他的朋友。这是在现实世界里无往不利的方法。

## 结交比自己优秀的人

俗话说："物以类聚，人以群分。"结交朋友时，自己的一言一行甚至思想都跟他们有重要的联系。朋友就像一面多功能的镜子，通过比较，你能从他们身上看出自己的长处和短处。塞万提斯有一句名言："看你的朋友，就可以知道你是什么样的人。"的确，人们都习惯于跟那些与自己能力相当、地位相近的人交往，这并没有错。可是，如果你想变得更优秀，就要多与比你优秀的人交往，这样你才可以更快、更好地提高自己。

多与优秀的人交朋友，不但能从他们的身上汲取成功的经验、激发自己的拼搏精神，更重要的是能在他人优秀人格力量的影响下树立正确的人生观。如果朋友是那种大手大脚的人，你的节俭会被嘲笑或者被打击，这样你的积极性就会被打击，是非常危险的，说不定就会放弃理财了。所以，除非你有很好的定力，否则就要远离这样的朋友。还有一些创业的朋友，经验教训都非常重要，多跟他们交流，这是一笔财富。

做生意的人不应该过分地依靠旧友，而要不断地建立新的人际关系。为了建立高层次的人际关系，有必要把自己置身于高档次的场所中。

"感谢周围的人对我的帮助"，这是多数成功人士常常挂在嘴边的话。商场中是否有人缘，很大程度上左右着事业的发展。所以，每个人都应从年轻时起建立良好的高层次的人际关系。

那么，怎样才能建立起新的人际关系呢？对此，要有具体的行动，积极地走出去，创造与人交往的机会。企业以外的各种各样的聚会要率先出席，各类家庭聚会也要参加，不要嫌麻烦。如果有不同行业的交流会之类的，也要主动地参与筹划，加入有兴趣的圈子也是极好的机会。性格内向的人特别回避这种聚会，其实这对自己的经商生涯十分不利，必须以坚强的意志克服自己的厌倦情绪，积极地参加。

有人说，微软就是傍着 IBM 长大的。当 IBM 已经是业内巨人时，比尔·盖茨还是一个无名小卒。但比尔·盖茨通过妈妈，认识了 IBM 的董事长卡里。卡里决定从事个人计算机的研制开发，在准备操作系统上的支持时，他首先就想到了盖茨，于是给盖茨打电话。而比尔·盖茨认为，IBM 是大公司，与他们合作，自己可以说是攀了高枝，于是积极准备。就这样，比尔·盖茨在20岁刚领导微软的时候就跟世界第一强电脑公司IBM签约，获得创业之初的第一笔大单业务，为微软以后的发展以及比尔·盖茨雄厚的个人资产的积累奠定了坚实的基础。

微软的成功，还在于比尔·盖茨选择了好搭档：保罗·艾伦和斯蒂芬·鲍尔默。保罗·艾伦知识丰富，富有创造性，正是他的魅力折服了比尔·盖茨，在他的劝说下退学创业。微软之所以获得巨大的成功，正是其操作系统的成功。而正是由于艾伦对技术的痴迷，使得全新的BASIC语言最终得以出现，使微软最终成为软件领域的巨人。有人还说，如果盖茨是微软的“大脑”，那么鲍尔默就是微软赖以生存的“心脏”。鲍尔默本人对计算机并不感兴趣，也没有基础的计算机技术知识。但他善于社交和团队管理，他是微软的市场战略家。

用人制度也是微软成功的基础。比尔·盖茨说：“在我的事业中，我觉得我最好的经营决策就是挑选人才，挑那些可以完全信任的人，可以委以重任的人，可以分担忧愁的人。”在选用员工时，比尔·盖茨善于雇用有智慧、有工作能力、有潜力的员工，始终寻找并聘请电脑工业中最出色的人才。为了招聘2000名新雇员，比尔·盖茨会成立220多名专职招聘人员组成的小组，他们的专门工作就是每年访问130多所大学，举行7400多次面谈，专心寻找人才。所以，微软旗下汇聚了很多英才，为微软短时间内迅速崛起和强有力的发展提供了保障。

此外，盖茨还主动与商界大亨建立良好的关系。在一次社交宴会上，盖茨认识了当时世界第二大富翁巴菲特。两人惺惺相惜，建立了深厚的友谊。盖茨为反垄断案焦头烂额时，巴菲特就站出来为老朋友仗义执言。当巴菲特的投资公司需要挑选接班人的时候，盖茨被选为沃伦·巴菲特经营的投资公司博克夏·哈莎维公司的董事。在商界社交的拓展，为比尔·盖茨建立了良好的社会关系，也为他事业上的成功提供了一定的帮助。

由此可见，盖茨成为曾经的世界首富并不仅仅靠运气，而是注重在创业过程中有意识地结交优秀的人，利用大家的优势获得了巨大的市场空间。而做到这些，需要你主动走进贵人圈。

结识比自己优秀的人，除了学习别人的经验以外，平时还可以互相帮忙，多走动，有好事的时候才能想起你来。这些无形和有形的财富都是会相互转换的，人际关系是我们要理的很大的一笔财富！

与人结交并非太难的事情。首先，将你所在城市的知名人士列出一张表。其次，把将会对你的事业有所帮助的人也列出一张表。最后，就是每星期去结交一位这样的人。如果你实在找不到比你优秀的人，那就读读人物传记吧！那里面一定有些你想要的东西。

总之，事业成功的人能够从比自己优秀的朋友那里得到鼓励和帮助，不断地使自己力争上游。

近朱者赤，近墨者黑。结交比自己优秀的人，你也会变得更优秀。

## 积极结交社会名流

攀龙附凤之心，大部分人都有。谁都希望有个声名显赫的朋友，一个明星或者随便什么大人物。如果能跻身于他们的行列，自己也就沾上了荣耀，在别人眼里也就身价大增了。所以，在你用尽办法，绞尽脑汁，一筹莫展的时候，适当地借助一下"名人"的名气，或许可以让你遇到的问题迎刃而解。当你身边实在没有合适的说客帮忙时，也可以从名人中拉一位借用一下他的地位和声望，充当你与被求者沟通的媒介。

结交名流也可能获得更切实的帮助。如果你立志要在商界干出名堂来，首先就要想办法接近商界名流，与其交往，建立起良好的信赖关系。一旦与你建立了信赖关系，他就会考虑："替这个人找个机会造就人才吧。"如此一来，你的命运可能会大获改观，甚至可能一层层地脱胎换骨，一步步走入名流社会。可能你还没有真正认识到，有名的人往往有深远的影响力，一句赞许的话就可能使你受益良多。

我们这里所讲的"名人"，不仅仅是频繁出现在媒体上、曝光在大家面前的众所周知的人。你的周围，身边的圈子里，小有名气的人都可以算作是"名人"。而借助"名人"效应，最主要的就是这个"名"。只要牢牢抓住"名"，巧妙地加以利用，对你事业人生会起到如虎添翼的作用。

有一个著名的公关专家曾经说过这样一段话："要发展事业，人际关系不容忽视。费心安排的话，人际关系便能由点至面，进而发展成巨树。有了巨树，我们才能在巨树下休息，坐享利益。社会地位越高的人，在拓展事业的时候，人际关系越重要。但是，总不能因此就拿着介绍信去拜会重要人物。就算登门拜访，人家也未必会有时间见你，因为各界的知名人物通常都排有紧凑的日程表，即使见面，也顶多不过 5 分钟、10 分钟的简短晤谈，是无法深入的。所以，制造与这些人物深入交谈的机会，非得另觅办法不可。"

而另一位著名的企业家却通过"十年修得同船渡"的方法结识许多社会名流。他的经验是："在每次出差时，我都选择飞机的头等舱。一个封闭的空间，不会有其他杂事或电话干扰，可以好好聊上一阵。而且搭乘头等舱的都是一流人士，只要你愿意，大可主动积极地去认识他们。我通常都会主动地问对方：‘可以跟您聊天吗？’由于在飞机上确实也没事可做，所以对方通常都不会拒绝。因此，我在飞机上认识了不少顶尖人物。”

名人也是平常人，也有高处不胜寒的时候，他们更需要我们的尊重和理解。因为工作关系，我会不时地和一些知名专家打交道。任何合作其实都是平等的，不要因为自己是小人物而妄自菲薄。合作时，更需要传递自己的价值。比如，我们可以为他做什么，他又需要为我们做什么。如果合作双方能找到合适的契合点，接下来就会顺畅多了。

结交名流是人之常情，你无须畏缩，拿出勇气和智慧来，与名流交往沟通，不断地从内在和外在两个方面一齐提升自己，使自己一步步迈入名流之列。

社会名流是在社会上有影响的人，与他们建立良好的个人关系无异于为我们的成功插上了翅膀。但这些名流往往有他们固定的交际圈，一般人很难进入他们的关系网里。我们可以从如下几个方面入手和他们交往：

第一，在与名流交往之前，多了解有关名流的资讯，托人引荐，多参加社会公益活动，多出入名流常常出入的场所，也可以加入一些组织。这样一来，你就会有机会结交到这些社会名流。

第二，在结交这些社会名流时，还要注意给对方留下一个好的印象，千万不要死缠着别人不放，这样做只能得到相反的结果。

第三，通过一次交往建立良好的关系是很难的，所以，应多制造交往的机会，多次接触才能建立较为牢固的关系。

唯有与一流人物交往，才能使自己成为一流人物。

# 第十一篇
# 男女特殊心理操纵策略

男女有别，在心理上确实存在着差异。尤其是恋爱中的男女，心理是最复杂的，有时不可理喻，有时又很有逻辑。当两个生理机制和心理机制都不同的两个人恋爱结婚时，难免会产生许多矛盾纷争。因此，要想拥有完美的爱情，就要知道如何掌控对方的心理。只有这样，才能增进了解，避免误会，让自己的婚恋生活更加幸福甜蜜。

## 男女心理差异

有一个关于三个愿望的古老传说。对此，男人和女人的选择大不相同，结果当然也就完全不同，而我们恰恰能通过这三个愿望来了解一些关于男女心理之间的差异。

传说有一位精灵被幽禁在一个非常古老的瓶子里，只要你捡到那个瓶子，打开瓶塞，重获自由的精灵就会为了报答你，帮你实现三个愿望。

话说一名年轻男子在海边捡到了瓶子，将精灵释放出来后，精灵要他提出三个愿望。男子说："我要在瑞士银行里有十亿美元的存款！"话刚说完，他手中立刻多了一张瑞士银行十亿美元的存款单。他喜出望外，接着说："我要一部最炫的法拉利跑车！"说时迟那时快，眼前立刻出现一部红色的新颖跑车。高兴的他继续说："我要被女人不可抗拒地迷恋！"于是，他变成了一盒巧克力。

男人有男人的愿望，女人也有女人的愿望。一位寡居多年，只有一只老猫作伴的老妇人，有一天也捡到了瓶子，重获自由的精灵也同样答应满足她三个愿望。老妇人高兴地提出三个愿望："第一，我要恢复年轻貌美；第二，我要很有钱；第三，我要忠实的老猫变成英俊的王子。"精灵一一实现她的愿望，于是美丽的女郎和英俊的王子相拥在豪宅里，王子热情地吻着她，然后在她耳边低语："我的小甜心，现在你有没有后悔当年要兽医把我给阉了？"

有这样的传说，正表示人们有这样的愿望。譬如，男人以满足性和权力的愿望为优先，而女人则较希望能更快乐、更美丽和更健康。前面两个笑话似乎就微妙地点出了男女愿望的同中有异。

我们再来看一个有趣的案例：

在市中心，有一家专营女性婚姻服务的店全新开张，女人们可以直接进去挑选一个心仪的配偶。在店门口，立了一面告示牌：一个人只能进去逛一次！店里共有六层楼，不过请注意，顾客能在任何一层楼选一个丈夫或者选择上楼，但不能回到以前逛过的楼层……

一个女人来这家店寻找一个老公。一楼写着：这里的男人有工作。女人看也不看就上了第二层楼，二楼写着：这里的男人有工作而且热爱小孩。女人上了三楼，三楼写着：这里的男人有工作而且热爱小孩，还很帅。“哇!”她叹道，但仍强迫自己往上爬。四楼写着：这里的男人有工作而且热爱小孩，超级帅，还会帮忙做家务。“哇！饶了我吧!”女人叫道，“我快站不住脚了!”接着，她仍然爬上了五楼。五楼写着：这里的男人有工作而且热爱小孩，超级帅，还会帮忙做家务，更有着强烈的浪漫情怀。女人简直想留在这一层楼，但仍抱着满腹期待走向最后一层。第六楼出现了一面巨大的电子告示板，上面写道：你是这层楼的第 123456789 位访客，这里不存在任何男人，谢谢光临……

不久，一家专营男性婚姻服务的店在街对面悄然开张，经营方式与前者一模一样。第一层的女人长得漂亮，第二层的女人长得漂亮并且有钱……结果，二层以上，第三层至六层的楼层从来没有男人上去过……

从中我们不难发现：女人的本能是幻想，男人的本能则是现实。这就是为什么婚姻里的怨女多过怨男的原因。所以，与其两手空空，还不如抓住现有的优点，和爱人好好过日子。

有首歌唱道：“女孩的心思男孩你别猜，别猜，别猜，猜来猜去猜不明白。”一首歌唱进了很多人心里。其实，男孩的心思也有很多是女孩不明白的。这要归因于男女之间在心理上就存在很多的差异。

## 男人最需要的三样东西

我们常听女人们说，想找一个坚实的臂膀靠一靠，得到安慰和依靠。其实，男人也是需要的。他不是找一个比自己更加坚实的臂膀，而是找到一个可以让自己安稳休息的柔软温存的憩息地。女人是复杂的，而男人是简单的。要想让男人幸福，需要三个方面：支持、忠诚及性。生活有时候就像是场战争，有了人支持，一切辛苦打拼才有意义，他才觉得满足。而忠诚是爱的基础，无论发生什么事，你都要站在他这一边。

“成功男人的背后，一定站着一个伟大的女人。”男人事业低潮、情绪低落时，最渴望女人的爱抚。男人在工作失意、人生落难时，最渴望女人的鼓励。男人在事业成功、业绩辉煌时，最渴望女人的喝彩。男人的依靠还来自于对感情的执着和忠诚，他们觉得情感的执着和忠诚比任何事情都重要，因为他们最怕的就是后院起火，因为那会使他们从此失去一种信念，失去生命的意义。生命的意义来自人性的忠实。一旦男人觉得人性缺失了，那么他们就会觉得这个世界就此不再有任何可以信任的东西，就会变为行尸走肉，从此不会有任何的快乐可言。最新调查显示，中国人最重视的三项情感需求是：忠诚和坦率、家庭责任、沟通交流。无论对于哪个年龄，忠诚都位于情感需求的第一位。

男女关系简单可以说是：“男人想跟女人上床的目的”与“女人跟男人上床的价码”达成的一种默契。了解了他对你的目的，你就可以开出自己的价码，比如稳定的婚姻关系。这里指的价码并不仅仅是金钱，还包括其他方面：你究竟对他有什么要求，想知道你的“价码”是多少。是不是超出他的承受范围，可不可以先“赊账”。如果你完全没有任何要求，那你的“价码”就是零。那就不用下什么功夫就能得到你，如果你告诉他，你需要他的尊重、他的关心、他的时间……那他就会意识到你的“价码”还是挺高的，如果超出了他的承受范围，他就会掉头走开。既然你已知道他心中所想，那就可以制定自己的游戏规则，没必要按照他的规则走。

有人笑着说，要想让一个女人满意，必须给她四个男人—— 一个老人，一个丑男人，一个壮汉加上一个同性恋。这并不仅仅是个笑话，是有道理的。那个老人会整天陪着她，把养老金全花在她身上，宠她，惯她，让她过得舒舒服服的，而且不会有“那方面”的需求——他反正已经不行了。从他身上，她得到的是稳定的生活和安全感。那个丑男人会为她做任何事情——送孩子们上学，开车载她去购物，周末的时候负责洗车，照顾家里的猫咪——无论她想要他做什么，他都会去做，因为像她这样一位美女能够青睐于他，他已经受宠若惊了。从他身上，她得到的是“自由时间”——他会让她得到解放，给她时间做她想做的事情。那个壮汉可能不善言辞，脑筋也笨，但他力大如牛，而且从来不知疲惫。在床上，他可以让她欲仙欲死——这就是他的任务。至于那个同性恋，他可以陪她逛商场，陪她聊天，听她无休无止的唠叨。在他这里，她可以畅所欲言。但是，假设这样四个男人凑在一起，或许可以满足她的所有需求，却不一定能让她幸福。

请相信，男人要得很少，就这三样：支持；忠诚；性。当然，如果你身材很好、脸蛋漂亮、厨艺又佳，是好上加好了。如果其他的做不到，就从这“三点”做起吧。给他这三点，他回报给你全世界。

一般来说，一个正常的没有生理缺陷的男人、不傻的男人都有点“好色”。只不过，大多数男人都不敢表露出来。爱美之心，人皆有之。其实，男人的“色”很正常，是视觉和生理的需要。男人喜欢漂亮的女人，这无可非议。有人做过调查：任何一个正常的男人都喜欢漂亮的女人。正所谓：“关关雎鸠，在河之洲，窈窕淑女，君子好逑！”甚至在当下流行一种说法，男人去餐厅吃饭，点菜时只看菜名不看漂亮女招待，说明这个男人已经悲哀地老去。

对男人来说，性是必须的，它无可替代，就像需要呼吸一样自然。但女人不要指望你跟他上了床他就会爱上你，因为对于男人来说，性不一定要和感情挂钩。

## 与异性保持适当的距离

俗话说得好："距离产生美。"尤其是与异性之间，一定要保持适当的距离，这样你就会避免很多不必要的麻烦，你的生活也将会是宁静和谐的。

在通常情况下，绝大多数人都希望能与人友好、愉快地相处。但是，由于种种原因，往往事与愿违，难以友好、愉快地相处。其中，最常见原因之一就是由于彼此的距离不适当，要么太近，要么太远。距离太近或太远会导致怎样的难以相处呢？对此，孔子在《论语》中有相关的论述。子曰："唯女子与小人难养也，近之则不逊，远之则怨。"意思是说，只有女子和小人是难以共处的，亲近他们，他们就会无礼；疏远他们，他们就会报怨。

对于这句话，历来争论不少。其实，不管两千多年前的孔子说这话究竟是针对什么而言，都已经不重要了。重要的是，在今天的现实生活中、在我们自己身上、在我们所交往的人当中，是否有"近之则不逊，远之则怨"的现状存在？如果有，我们将怎样对待？将怎样保持与异性之间的距离呢？

第一，不隔离，不疏远。现在已经是21世纪了，要建立健康的两性相处心态，不能再用男女授受不亲的老观念来衡量了。即使是已婚，也不代表要和异性保持超远的距离以免犯忌。过分拒绝和异性相处，可能妨碍职场角色的扮演，也更加不像现代人了。我们也不得不承认，在通常情况下，两性都有的工作空间要比单一性别的环境愉快和谐。如果想重新隔离两性，既不可能，也不合理。刻意疏远，更非上策。两性总是要交流的，而且两性共事有助于工作效率的提高，正所谓"男女搭配，干活不累"。所以，两性间绝不能再采取隔离政策。

第二，保持虚心的态度。因为是异性的关系，就难免对事物的看法存在分歧。如果你是在异性面前很虚心的人，你会发现你在异性中备受宠爱。因为多数人对异性没有排斥感，正所谓"同性相斥，异性相吸"。而且喜欢帮助异性工作的人，他们把这看作同事中成就感的一种象征、一个标志。人人都希望被异性重视和仰慕，一个人如果注意吸取他人的长处，他可以从每个工作伙伴身上学到不同的有助于自己发展的长处。

第三，控制好自己的感情。既然是同事、朋友，就应有共同语言。如果你无意将这种关系发展为恋情，就应将感情投入仅仅限制在友谊的范围内，即使是很有好感，也不应表露出来，要隐藏好。如果对方射来丘比特之箭，也应明智地将其化解。千万不要给对方以默许，甚至是鼓励。

第四，不对异性采取轻浮的态度。这方面包括行为和言语两个方面。以尊重对方是异性工作伙伴的关系来处理工作中的一些事务，将会使某些复杂的事情变得简单一些。千万不要将工作中的异性关系处理成类似“恋爱关系”所期望的那种结果，也不要与某个异性发展成比之其他异性更为亲密的关系。也就是说，在工作中，异性之间只有工作关系。下班以后做朋友是另外一回事，但在工作范围内千万要区分“轻重缓急”的关系。

距离是一种物理现象，更是一种人际学问，是世间男女无论在工作中还是在生活中都可能碰上的问题。因此，距离已不只是物理问题，更是心理的、社会的、影响人与人之间互动的非常深远的问题。距离这种微妙的关系，值得我们去细心经营和打理，措施得当就能够促进工作更上一层楼。处理不好，形成心头疙瘩、人际障碍，对组织运作也会产生不利影响。

生活中，与异性保持适当的距离。既是一种技巧，也是一种自尊，更是一份智慧。

## 对感情骗子说 byebye

在人们对于大多数骗局有了免疫力的今天，还有一种骗局在伤害着大量的人群，它造成的伤害触目惊心，这就是爱情骗局。它对人们造成的损失动辄数万、数十万甚至上百万，还伴以严重的心理伤害。如果能看穿感情骗子的伎俩，当然就不会吃亏。

防范对策：

第一，不要轻易相信爱情。如果你迷信爱情，就可能成为标准的受害者。

第二，不要装作有钱人，有钱也不要显露。表现如平民大众即可，如果她因此而看不起你，那么她就是一骗子，或者是业余骗子，至少也是个吸血虫。当然，如果你钱多得堆起来了，那随你便。不要拿钱去填充骗子、吸血虫的钱包，这是一个原则。

第三，“爱我就该满足我的一切”是骗子典型的口头禅。恋爱无论是初期还是后期，男人都不该做无限的付出，女人都不该做无限的索取。如果是爱情，付出应该是双方的。如果不是爱情，就该有明确的价格。如果察觉她有骗钱动机，立即掉头走，哪怕是个仙女。现今即使是愚笨的女人，也很善于利用谎言来欺骗男人。

第四，如果有爱情，按照爱情的原则来做。如果没有爱情，就请按交易的原则来做。通俗的男女关系属于后者。有一种骗局是利用婚姻为诱饵，三步就可以使你为之倾家荡产：第一步，订婚，骗取礼金，然后走人；第二步，结婚，然后以做生意、高消费的理由骗取金钱；第三步，离婚，顺理成章分走一半财产，包括房产、汽车。

如果你是聪明人，在爱情面前，就不要丧失了理智。

那些迷信爱情的人，往往就是骗子盯住的目标。

## 成功男人必须远离的10种女人

在两性世界，女人是男人道不尽的话题、赏不完的风景。好女人是一所好学校，不同的学校培养不同的男人。好女人培养好男人，而好学校培养的男人具有稳健、健康、蓬勃、阳光、善良、洒脱和勃勃生机的特质，进了这样的学校是男人的福气、幸运和造化。坏女人是祸水，不仅祸在红颜、祸在蛊惑、祸在挑逗，更在生活的点点滴滴。她的祸具有狐性、媚性、骚性、煽性，能躲开、绕开的是幸运的男人，躲不开却栽进去的是倒霉的男人。起码下面的10种女人是男人必须远离的：

第一种，贪婪的女人。男人必须远离这种女人，因为欲壑难填是无边的深渊、无底的洞，她的欲望就像海洋里的水，是很难枯竭的。只要生命不息，欲望就会不止，该她得到和不该她得到的，她都想得到。为了得到她所想要的一切，终其一生，她都在孜孜不倦、不厌其烦地抛弃着廉耻。女人的这种不顾廉耻的贪婪，可以轻而易举地掳掠男人的豪气、勇气和气节，剥夺男人的尊严、放大男人的无奈、收缴男人的激情、克扣男人的肺活量。如果一旦遇上这种女人，有可能会成为男人一生的噩梦。当然，人都会有贪念和欲望，虽说无欲则刚，但那是在画饼充饥，有点虚，站不住脚跟。用辩证的观点来看，无欲的人充其量也只能是一个平庸的人，是一个脱离了低级趣味却又掉进虚伪圈子里的人。凡事都得讲究一个度，过之则物极必反。对于一个金钱至上的女人来说，她不会爱上一个穷光蛋，因为她的爱情首先是建立在物质的满足上的。她知道花男人的钱比用自己的辛苦钱来得容易，有钱还是没钱是她和男人的交往条件。期望这样的女人能与你相濡以沫，同甘共苦，无疑是痴人说梦。因为在她眼中，男人只不过是金钱的一个符号而已。男人无钱之日，就是女人抛弃之时，那么这样的女人在想抛弃你之前，不如先将她抛弃。

第二种，工于心计的女人。当男人面对一个嘴巴是豆腐做的、心却是刀子做的女人时，相信多么坚强、豁达的他也是吃不消的。男人不应该去关爱一个心如白纸的女人，当然更不该对笑里藏刀、内心奸诈的女人怜爱有加。没有人规定，女人应该怎么做、不应该怎么做。但一个女人太工于心计，也许只有蚊子愿意和她为伍，因为其同样有叮人一口、咬人一下的癖好。

第三种，把男人当玩物的女人。她的爱情字典里没有“唯一”这两个字，她懂得利用女人的天赋来让男人心悦诚服，从不同的男人身上获取不同的需要，却巧妙地让每个人都以为自己才是她的最爱。移情别恋不是她的错，因为她生来太易动情。她的最大特点是不放弃任何一个恋爱的机会，所有追求她的男士在她看来都别有魅力。面对这样的女人，你只能有心理准备。她爱上你是真的，她爱上别人也是真的。

第四种，说话粗鲁爱叨唠、随意批判人的女人。有人说女人爱发牢骚是一种病，既会让人讨厌也会传染。但不幸的是很多女人都患有此症，而且久治不愈，令男人大伤脑筋。对于常发牢骚的女人来说，事事永远不合她们的心意。所以，她们就爱发牢骚。但一个男人和一个女人在一起，不是听她发牢骚的，他可以排解她心中的苦闷，但不能治愈她的顽疾。

第五种，过于虚荣和功利的女人。女人都有虚荣心，都有功利的一面，不功利、不虚荣的人是不存在的。物质化的时代，有功利思想并不为过。适可而止的功利和虚荣可以激发我们的斗志，丰富和润滑我们的生活。而过分虚荣的女人，她的倾向性则过多地体现在对物质的过分追求上。爱打扮、讲排场，过分注重浮华、炫耀、虚饰，从而变成了“山下的老虎”。她在吃掉你的耐心、恒心、爱心和深情的同时，还能让你痛彻心扉地领略到什么叫捉襟见肘，没权、没钱就别招她。周国平曾说过：“对于男人来说，女人的虚荣并非一回事。一种女人把男人当作养料来喂她的虚荣，另一种女人把她的虚荣当作养料来喂男人。”可见虚荣在女人身上所占的份额是不小的。在势利女人的眼中，权力、高位是她追求的第一目标。在她看来，就算你身有百万，还不如一个小小的七品县令。一旦她与七品县令有染，可以肯定地说，又会通过七品县令来接触知府和宰相。在她们眼里，永远都没有“满足”二字。

第六种，心肠狠毒的女人。俗话说：“虎毒不食子。”食子不是虎，一个连虎都不如的女人除了能给男人带来不幸和灾难，还能带给男人什么？不言而喻，这种女人的特征是心如蛇蝎。面对这样的女人，不另起炉灶，你还要等待何时？

第七种，口是心非的女人。所有的事情到了这样的女人那里都是有史可查的，因为她们总会有自己的理由和借口。即使没有，她们也会编出一个来。可以说，每一个女人都有如此高招。明明三分钟前还有说有笑呢，可一转眼就变得哭丧着脸。问她吧，只有一句话：“不高兴就是不高兴，没有为什么。”

情绪化严重是很难解决的事情，搞不好她会毫不留情地把你和她之间的秘密说出来。她可以今天就说："我不爱你了，咱们分手吧！"那就意味着，你们之间所有的甜言蜜语都化为乌有。对这样的女人，也许分手是最好的选择。

第八种，颐指气使、自以为是的女人。女人是老虎，不止是歌词中这样写的，相信很多的男人深有体会。这样的老虎虽然不吃人，但会折磨人。要是使起性子来，实在是吃不消。多数男人选择沉默，尤其面对女人时，即使遇上了短兵相见的趋势，男人也不会彻底爆发。而此时的女人便成了天性的领导者，成了支配男人的人。因此，女人做起了老大，做起了老虎。殊不知，男人是不鸣则已，一鸣惊人的。女人，还是悠着点好。

第九种，不懂忍让、个性太强的女人。在个性超强的女人眼里，男人就根本没有好东西，她开口闭口都批评男人的不是！别指望让她百依百顺，小鸟依人。你在她面前，做牛做马背后还是要迁就忍让。否则，她便使出一哭二闹三上吊的杀手锏，搞得你鸡犬不宁。在她的眼里，她自己才是世界的中心。对于周围的环境，她有神经质的一面。要想不让她撒泼，你必须有呼之即来、挥之即去的本事。要不，还是逃之夭夭的好。

第十种，不懂原则的女人。曾有人说，男人可以忍受女人的不漂亮和吃零食，但绝不能忍受女人不讲原则。不懂原则的女人可以在你去开会的路上叫你陪她去买项链，说是试试你是不是真心的；不懂原则的女人可能在你父母来你家串门时丢三落四、不冷不热。所以说，不懂原则的女人不可爱，不懂原则的女人就是不懂可爱的女人。

对于男人来讲，女人很可爱，但不是所有的女人都可爱。

## 幸福女人必须远离的10种男人

在爱情中，女人的危险往往是过高地估计了男人。思想错误的判断有时会发错了信号，不小心就落入男人设计的陷阱。从此，女人受尽无限的痛苦和折磨，但想要逃离并不是那么容易。要分手吧，一系列的问题也就出现了。当感情归零的时候，留下的只有怨恨和利益，财产、孩子问题都成了筹码。做个幸福女人，就要远离以下10种男人：

第一种，大男子主义的男人。具有大男子主义的男人思想都非常好强，以自我为中心，甚至有点顽固不化，处处颐指气使，也习惯于为自己做事，而且总认为为我做事是应该的，丝毫没有感谢之意。最可恨的是他们把自己的女人当成奴隶，说打就打、说骂就骂。这样的男人，女人跟他在一起，有何幸福而言。

第二种，没有责任感的男人。跟这种人在一起，你看不到明天，没有一个清晰的未来蓝图，只是在一天天浪费自己的宝贵青春。当然，也可能是缘于年龄的幼小、心智的不成熟、外界条件的不允许，但这一切都不能成为逃避责任的借口。世界不是为你个人单独存在的，有些事情不能等待，要同时进行。在你享受的同时，你得担起你该承担的那部分责任。不想结婚的女人，不要孩子的男人，都是逃避责任的人。他们只知道享乐，都是该远离的人。

第三种，猜忌多疑的男人。要是遇到点烦心事，今天猜忌这个是不是在捣鬼，明天多疑那个是不是在给自己使绊儿，这样的男人不但猜疑别人，还会对自己的女人多疑。他会在你不注意的时候偷偷查看你的手机信息，在你下班晚回来的时候问这问那。要是女人有点事情做错了，他就小肚鸡肠，不能原谅，总会把事情放在心上。你看那些杀人放火的事情，都是这种人干的。和这样危险的人在一起，女人还是早点离开才好，说不定哪天你一做错事情，也会给你制造危险。

第四种，过分追求事业成功的男人。有事业有地位的男人最受女人青睐，但若过分看重名利，尤其是出身贫寒却一心想出人头地的男人，他们往往会牺牲感情，而选择那些能在金钱、权势、能力等方面助他们一臂之力的女性。这种男人的择偶是有条件的，不是真正可患难与共的伴侣。

第五种，暴力型男人。现在，家庭暴力已经引起社会和媒体的广泛关注。暴力型男人不仅存在于偏远落后地区或文化层次不高的家庭，也存在于一些受过高等教育的知识分子家庭。具有暴力倾向的男人，在家里对妻子大打出手，频频施暴。他们通过暴力宣泄心头的抑郁和不满，也通过暴力满足自己大男子主义的尊严。暴力不但让妻子伤痕累累，痛不欲生，也让孩子战战兢兢，如履薄冰。暴力型男人是性格被扭曲，人格已经变态的男人，他很难控制自己的行为，带给妻子和孩子的都是深重的伤害和噩梦一般的人生。女人千万不要对有暴力倾向的男人抱有幻想，应该说，一旦发现他有暴力行为，就要果断地离开。离开越早，受害越小。

第六种，自私自恋的男人。每个人都会有自私的时候，但当自私和利益同时拴在一起时，这就形成了很大的一个旋涡，身陷其中时就不能自拔。女人的自私和男人不大一样，女人的自私往往是那么一点小利益，而男人一旦自私起来，那就不得了。他会为了这种自私和利益不择手段，绞尽脑汁、不计后果地去实现。多少男人为了这样的自私和利益走上了犯罪的道路，他总会把利益放在第一位。这样的男人也许有一天为了利益，会把自己的女人都出卖了。

第七种，情绪化的男人。女人都是敏感的动物，一个细节就能洞悉一切。似乎情绪化是专属于女人的，其实不然，男人其实比女人更情绪化。女人的情绪化直接由生理变化决定，而男人的情绪化则更多地取决于性格本身。情绪化的爱情发生频率很高，结束的频率也很高。他会因为一时的情绪爱上一个女孩，就像热得快，他的爱来得快去得更快。他的爱情来的时候攻势很猛，看起来大有天长地久地跟你过一生的架势。但是，当你去迎合他后，他会很快就抽离。抽离的原因或者是因为他的情绪不在爱情线上，或者是因为他的情绪让他爱上了另一个女孩。总之，他开始变得不爱理你了。所以，假如你看见他焦虑不安，不再喜欢跟你交流，别以为他是一时的情绪，其实那就是他的本性。请不要再跟对你不感兴趣的男人纠缠了，寻找一个为你不知所措，为你心急火燎的男人吧！

第八种，随意承诺的男人。“我爱你”这三个字，相信女孩都喜欢听，但要先掂量一下这三个字的分量有多重，再接受也不迟。真爱是在心里，不是在嘴上。如果男人今天说一个“我爱你”，明天说一个“我喜欢你”，后天就说“我会娶你”，每天嘴上都是承诺，那你就要注意了。他的承诺越多，背叛你的可能性就越大。难怪有人说：“相信男人的嘴，不如相信世上有鬼。”

第九种，五毒俱全的男人。吃喝嫖赌，偷掠抢夺，这样的男人最可怕，把人生看淡了，对生活失望了，反正也成就不了大事，还不如快活一天是一天。写到这里，我想起了电视剧《水浒传》里的高俅的干儿子“高太卫”这个人物，他每天带着一帮打手、小混混在大街小巷欺行霸市、欺男霸女，最后把八十万禁军教头好汉林冲害得家破人亡，逼上梁山，自己也落得“命根子”没有保住。女人要是和这样的男人在一起，那就等于跳进了火坑。

第十种，情爱泛滥好色的男人。这一条是最重要也是最值得女人关注的。这种男人没情没义，把女人哄骗到手玩完就完，不讲什么真情真爱。今天找这个女人，明天玩那个女人。这种男人有点变态心理、仇恨心理，有虐待女人的心理。女人的痛苦就是他的乐趣，女人的悲伤也就是他的快感。女人啊！千万要远离这样的男人，要不你将受尽一生的痛苦！这样的男人当初给你无限的惊喜和甜蜜的浪漫，但他是天生的情种，只要是朵花，不管是鲜花还是野花；只要是只蝶，不管是美丽带毒的还是老得都飞不动的，他都要去采，他都要去捉，这是天性。不管他当初如何许诺，也不管他现在如何每天在你耳边念叨着那句千年不变的动人之语，这都不能改变他的天性。因此，在你能抽身时，尽管果断地躲闪，就算你再怎么自信有魅力，对这样的男人也注定会失败。

为了自己的幸福，女人就要慎重选择自己的男人。

# 第十二篇 瞬间识破假象的心理策略

每个人生活在这个世界上，都离不开与各种各样的人交往。可是，知人知面不知心，骗子绝不会在自己脸上写上“骗子”二字。尤其对于那些陌生人，我们就更难摸清对方的心思、了解对方的想法了。一些人为了达到某种不可告人的目的，经常编织出令人心动的谎言，诱人上当受骗。因此，每个人都要学会保护自己，穿上“防弹衣”，躲过各种明枪暗箭，使自己立于不败之地。

## 哪些人可能是骗子

当今社会，人的类型多种多样，骗子绝不会在自己脸上写上“骗子”二字。当然，人不是生下来就是骗子，但在后天环境中培养出骗人的“才能”。有效防止被骗的关键就是认清哪些人有可能玩弄骗术，制造骗局。由于人是骗术的设计者，又是骗局的执行者，所以，防骗的第一步是认清那些可能导致骗局的人，这样才能有的放矢，提高警惕，防止受骗。下面这些人就有可能是“危险人物”：

第一，吹嘘自己的人。人们都是想要表现自己、想要赢得他人尊重的，所以自然有些人就走上了吹嘘的道路。他们总是担心别人不知道他们有多么“厉害”，所以经常自吹自擂。有些人吹嘘自己神通广大，结果别人求他办事却办不成，不仅招来了“不肯帮忙”“看不起人”等抱怨，而且自己也十分苦恼。还有冒充“大款”的人，为了面子上过得去，花钱大手大脚，搞得债台高筑，父母骂他不孝，朋友说他欠债不还，极个别的甚至为此而走上了偷盗、抢劫的邪路。过分虚荣的人，总是从某种个人动机出发，追求一种暂时的、表面的效果，甚至弄虚作假，欺诈骗取。

第二，身份来历不明的人。当有人问起他的职业、身份、住址、过去等时，他对此一律找借口不谈，肯定有一大堆不愿回答希望保密的理由。尤其是他对自己目前靠什么手段、方法赚取生活费等，也说不清楚。这样的人就很危险了，最好快快远离他。

第三，轻诺而寡信的人。这种说话不算数，轻易向人许诺的人，经常逢人就说：“你有什么困难，尽管提出来，我一定帮你的。”等你真的需要他帮助时，他就音讯全无。这种人一开始就没有替你办事的真心，所以，你一定不要轻信他的话。否则，你将受到意想不到的伤害。

第四，“变色龙”。这类人是立场不稳，见风使舵的人。也许刚才他在历数人家的缺点，把人贬得一文不值，甚至恨之入骨，转眼间，对人的态度来了 180 度大转弯，拥有一张善变的脸。这种“突变型”人物不值得信赖。

第五，希望一夜暴富的人。这年头，很多人做着一夜暴富的美梦。于是，有些人便打着“迅速致富”的幌子，巧设骗局，诱人上当。

第六，毫无廉耻之心的人。人都有自尊心，大多爱面子。而有一些人急需钱时，不择手段，偷盗、抢劫、卖淫等什么都干得出来，毫不知耻。面对这类人，你可要小心了。

面对社会上形形色色的骗子、五花八门的骗局，要想避免上当受骗，一要提高识别骗子的水平，二要加强自身防骗的能力。

## 骗子有哪些特点

从商场上来说，骗子的嘴脸虽然是多种多样而且又是千变万化的，但有一点是共同的，那就是能够“想你所想，急你所急”。你创业需要资金或你的企业资金紧张吗？你有一批商品找不到销路吗？你遇到什么麻烦找不着“靠山”吗？你想发财找不到门路吗？你想……骗子都能帮你办成，而且说得头头是道让你深信不疑。

更为高明一点的骗子不但说得天花乱坠，如果看你是条“大鱼”，往往还会先给你一点“甜头”尝尝，以便让你“奋不顾身”地去受骗。随着形势的发展，骗术也越来越高。什么“潜伏骗”“连环骗”等层出不穷。有时你被骗了，还不知道骗子是谁。同时，骗子有时是“抓大放小”，有时是“既抓西瓜也抓芝麻”，甚至连一顿饭、几包烟或一点样品也不肯放过。

总而言之，骗子有如下几大特点：

第一，看起来绝对不像骗子。男女老幼，形形色色，或西装革履，或衣衫破旧，或柔弱美丽。骗子跟贫富程度也没关系，也许你觉得不可能，他那么有钱怎么会骗我这点钱呢？他那么有地位的一个人怎么会是骗子呢？他那么有气质的人怎么可能骗我呢？

第二，骗子往往给你编故事，而且越编越大。这是骗子的惯用伎俩。骗子利用你的某种心理，如同情心、虚荣心、盲从等，编故事给你听，有声有色，打消你的戒备。为了有说服力，会找托儿来帮忙，或者扯虎皮做大旗，有时是名人，有时是权威，甚至是国家领导人等。但行骗成功后，找各种借口拒绝或让你无法验证故事的真实性。

第三，骗子之中，相当一部分是靠嘴成功的。多数都有一付能把稻草说成金条的嘴巴，而且能够根据你的情绪变化“随机应变信如神”。他所说的东西叫你感到比真的还真。这时，你就要提高警觉。凡是真的东西都有疵点，而假的东西往往能说得完美无缺。真的鲜花往往只能开上一季，而假花则是四季常开。凡是骗子，要把你作为“猎物”的时候，往往把你非常难办的事情说得非常容易。甚至他的举手之劳，就能解决你天大的难题。一旦你有了“踏破铁鞋无觅处，得来全不费工夫”的感觉时，离受骗就不远了。当你暗暗感到欣喜的时候，往往是你应该提高警惕的时候了。

第四，凡是骗子，而又是单独行骗者，往往是先跟你“套近乎”，进而对你过分热情。凡是这样的“见面熟”而又有超乎寻常的热情者往往都有一定的目的，因为“世界上没有无缘无故的爱，也没有无缘无故的恨”。

第五，骗子的惯用手法就是让你用很少的付出就能得到意想不到的利益。总是在给你灌输“吃小亏占大便宜”，“过了这个村就找不到这个店”的思想。当你感到是一个难得的机遇的时候，你最好想一想“天上不会掉馅饼”和“世界上没有免费的午餐”的名言。俗话说：“想享福必受罪，想占便宜必吃亏，胡思乱想，耽误瞌睡。”受骗往往是从想得到意外的收获而开始的。记得有位名人说过，人们的一切活动都是为了得到利益。尤其是在商场上，人们的各种活动都是和利益息息相关的。即使是正常的商人，为了获得他最大的利益，也会进行必要的包装甚至伪装。

有人说：“百分之百地相信一个政客的话必受其害，百分之百地相信一个商人的话必损其利。”这话听起来有点刻薄，但细细品味不能说没有一点道理。所以，在商场上交往时，要多问几个为什么。

尽管骗术不断变换包装，但其基本套路仍然没有改变。只要揭穿这些骗术，让善良的人们看透骗子的表演，就能避免遭受损失。

## 教你识破假装有钱男

许多年轻女人总想找有钱男人以求一劳永逸，可有钱的男人太少，很多男人都装作自己很有钱，做出一副“款爷”的样子，以取得希望能“嫁得好”的女孩的芳心。于是，全天下男人似乎都成了有钱人。即使没钱，也可以假装有钱人，一身名牌的行头配起来也不难，再有点社会经验，完全可以把涉世未深的小女孩侃晕，让其佩服得五体投地。实在不济，还可以假装认识有钱人。

怎样才能识破这些装腔作势的家伙呢？你需要从以下几方面对他进行全方位审视：

第一，着装。当今社会，有钱的男人就要看衣着了。也许你会说，当然要看他是否穿着名牌，打着时髦领带，头发梳得油油的，皮鞋擦得光亮，这样看起来一定就是款爷。其实，这是错误的。当今社会已不是 20 世纪 80 年代了，那个年代油头粉面、穿高档名牌西装就是款爷的象征。反之，那些毫不起眼的男人，例如，穿着布鞋进入高档酒店宾馆，或者穿着布衫在大街上漫步行走，他们也许就是真正的款爷。因为他们有钱，有钱的男人当然要防着被打劫绑架之类，所以他们“真人不露相”。然而，当今社会，越是打扮时髦的男人，越是穿戴整齐的男人，他就越可能是一个穷光蛋。这类没钱的男人，虚荣心极强，所以外表打扮得像个有钱人似的，给自己一个满足，以便让自己周围能有美女围绕。

第二，谈吐。当今社会，你刚遇见一个有钱的男人，他一般不会马上就将自己的有钱身世向你表白的，而是像平常的普通人一样与你交流。如果你遇见一个男人，他一开始就在你面前炫耀自己多么有钱，明天给你一套房子，后天送你一个钻戒，或者自己在哪开公司、开工厂，那么这样的男人纯粹就是一个骗子，根本就不是真正有钱的款爷。因为真正有钱的男人，他是不会告诉你这么多的。越是有钱的男人，他就越害怕自己的爱情不保险，害怕他的女人是为了他的钱才和他在一起。所以说，有钱的男人一定要注意他们的谈吐、交流。把自己夸得越多的，越是穷光蛋的象征。反之，把自己夸得越少的，甚至对自己有实力的经济只字不提的，才是真正有钱男人的象征。

第三，举止。当你刚交了一个男朋友，并不知道他有没有钱的情况下，就要看看他的举止、行动如何了。如果这个男人刚和你交往，你对他还并不了解，在还没经过你允许下，他就对你动手动脚，说什么爱你之类的话，那么这样的男人不是有钱的男人。有钱的男人不会对自己刚接触的女朋友乱动乱摸，因为他们有钱，多少女人巴结他们，什么女人他们没见过，又岂会在乎你一个呢？所以，对有钱的男人，记住要看他们的举止行动。若他们是大度的、尊重你的、规矩的，也是有钱的象征。

第四，手机。一方面，就是看他所持的手机款式，手机往往越旧、越老的男人，一般都是有钱男人的象征。因为有钱的男人，他们根本不会在乎自己的手机是什么牌子，花多少钱去购买，他们所在乎的只是使用方便。反之，越没钱，还越拿着名牌手机的男人，他们往往是在打肿脸充胖子。另一方面，就是看电话的来电接听频率了。有钱的男人，电话是特别繁忙的，而且电话源源不断。因为他们有钱，所以应酬多，朋友多，事务多。一旦发现繁忙接听电话的男人，而接听的电话语言都是公事、业务上的，这样的男人一般都是有钱的男人。反之，一个男人拿着名牌手机，一天 24 小时不关机，却只有几个来电或者没有来电，这样的男人就是假装的。

第五，看车子。当然，不是让你看他开什么牌子的车，而是要看这个开车的人。很多女孩子都认为有车的就是老板，错了。开车的男人，并不绝对就是老板，因为很多老板是不愿意自己开车的，因为他们有钱，一般会雇司机来开。当然，这些司机打扮起来也是穿名牌西装。当你没分辨清楚之前，还以为他开着车，就是老板呢，其实不然。这就要你去细心观察了。如果这样的司机刚和你在一起，并没有告诉你他的身份，只是个司机，也没告诉你他是个老板，那你一定要小心了。

第六，大方的程度。对有钱的男人，也要看大方的程度。当然，不是看为女孩子花钱的程度，而是看平时生活中花钱的大方程度。现代社会，有钱的男人是比较“小气”的。当然，所说的小气，只是买东西啊，逛街啊，他会精打细算。很多穷男人喜欢装大款，他明明没有钱，还喜欢在女人面前演戏。外出买东西，只要刚认识的女朋友开心，他身上有多少钱就掏多少，从来不还价，从来不节约，这样的男人其实根本不是有钱男人的象征。反之，有钱的男人往往会对生活上的一些物品精打细算。因为他有钱，越有钱的男人，他才越细心越节省。他有钱，但他的钱也是自己赚回来的。对于节约方面，他是很在乎的。越有钱的男人，越会这样小气。

以上几点是教女人们如何鉴别有钱款爷的象征。如果你都看明白了，相信离有钱男人的距离就不那么远了。最后，提醒一些拜金女，如果想嫁豪门，千万不要一开始认准款爷身份的时候，就找他们要这要那、买这买那，因为有钱的男人最忌讳刚认识的女孩子这样的行为。所以，一定要慢慢来，碰上有钱的男人，女孩子一定要把眼光放远，不能只看他当时的口袋，要看要抓的是他的心。一旦他对你动心，一旦你抓住抓稳了他的心，那么他的一切都是你的了，包括家产等，他的全部都将归你所有，因为男人天生就是赚钱给女人用的。款爷也一样，心到手了，他的一切全部都是你的了。

对付男人装有钱和装认识有钱人的手段，女人的策略就是要学会假装正经和假装不正经。对于不了解的男人，先以假装正经测试其真诚与否，再用假装不正经或继续假装正经的方式过滤掉那些不同类型的不靠谱的、不准备发展的对象。一旦发现对方是假装有钱或假装认识有钱的，一律当垃圾扔掉。

有钱的男人总给人一种安全感和神秘感，因此大多数少女都主动地投怀送抱，而等待她们的结局将是以青春为赌注的败局。这样的陷阱口不大却很深，是最容易让女人们掉进去就爬不出的深渊。

## 教你识破假装正经女

对男人来说，恋爱中最要命的是什么，是女人和你玩假正经！她明明空闲得发狂，却装出约会不断；明明是恋爱高手，却看上去比谁都简单。这些假象都是女人给自己穿上的一件梦幻蝶衣，目的是想迷惑你，而跟一个带着面具的女人谈恋爱，感觉多么不爽。作为男人，只需要七招，就可以看出她是不是一个“假正经”。

第一，讲个笑话。聚会时，如果有一个朋友讲了一个带色彩的笑话，如果她的确是乖乖女，从小父母管教严厉，那么可以谅解她会表现出羞涩脸红的状况。但如果你知道她从来都是情场高手，阅人无数，而听到一个有色笑话却愤怒到极点甚至拂袖而去，绝对可以判断她是假正经。

第二，陪她逛街。并不算富裕的女孩，通常会比较实在，手上有100块钱就买100块钱以内的东西。但假正经的女人不一样，她们通常会边逛街边唠叨自己只用某某品牌，而某某品牌不是一线就是进口。当然，最终结果是如果你不埋单，她绝对什么都不买。她需要表现得自己有品位，绝对不让你发现她不过是一个落魄的民间公主。

第三，约会。大多数男人都允许女孩迟到，化个妆，换双鞋什么的，所以迟到并不能看出她是不是一个假正经。但是，如果她约会总是迟到半个钟头以上才姗姗来迟，来后装作不经意的样子，轻描淡写地说自己刚往外走时遇到了急事，或者是路上堵车云云，那就有问题了。假正经的女人都会装作日理万机的样子。比如，你说：“周末有空吗，一起吃个饭吧。”她会说：“到时候再看吧，这周约会比较多。”其实，很可能一个约会也没有。如果在约会一开始就告诉她，这个盛夏消暑派对可能要进行到凌晨，一般女孩要么拒绝要么不介意。只有假正经的那一个才会絮叨一番，甚至不忘告诉你，必须在天黑之前，或者最晚9点之前一定要赶回家。要知道，一个教养良好的女孩子，怎么可能夜不归宿呢？

第四，接电话。你们在一起的时候，让同事或朋友给她打一个电话。正常女人看见电话会直接拿起来，有话则长无话则短。假正经的女人完全相反，先让电话响上半天，然后才漫不经心地接通。电话多表示她人缘好，爱慕众多。电话不急着接听，表示主动权在她手上。目的只为暗示你：我追求者众多。

第五，人间蒸发。恋爱到一定阶段，如果你每天都给她电话，三餐都会去短信，请选择一天，不打一个电话，不发一条短信。如果她在想念你，那么一旦你突然人间蒸发，她一定会在等待一段时间后，急切地发短信打电话，以求与你联系。如果你自信她很想你，却 24 小时甚至 48 小时过后还没有等到她的来电，这个女人多半是假正经。为什么她不主动联系你？目的其实很简单，生怕自己主动以后会掉价。她需要男人主动、主动再主动，因为她要向别人炫耀，是他自始至终疯狂追求我的。

如果在恋爱中，男性掌握了女性的种种异常心理，并仔细斟酌，真正领悟，那么就有助于恋爱成功。

## 瞬间看透女骗子

很多女骗子在大行其道，万变不离其宗，就是色相。这类女人靠自己的嘴和身材做生产力，不惜拿身体做生产力，充分发挥能动性，大搞感情投入，目的是收获金钱。女骗子通常先把自己表现得多么凄惨，生活多么紧迫，心里多么空虚，目的是让人有怜香惜玉的同情心，触动你心，让你为她而悲喜。不知不觉，你就上当了。接下来，就是骗你的情感或金钱。有的女骗子以身相许，糊弄想利用的人的情感，目的和野心在私下膨胀，计划在悄悄进行中。还有一种女骗子只用情感，属于玩弄情感的骗术。这样虽说少有人上当，却也屡试不败。

女骗子诱人上钩，通常有如下三步：

第一步，相识阶段，精心包装，巧设圈套。为了能成功见面，托你帮她办事，也许是很小的事，但是放长线钓大鱼，成功见面才是第一步。光通过网络、电话、短信，勾引力肯定不够。现在的美女骗子，或者非美女骗子，喜欢夸大自己的背景，说自己高干家庭，父母、爷爷、亲戚如何如何，都是厅级干部，为自己营造良好背景，包括夸大自己的学历背景。毕竟，没有人会查这些。偶尔拿出身份证、驾照，营造信任。说自己工作稳定，在大型公司上班，月薪几万，家中多套住房，下个月准备买车。

第二步，在相持阶段，不断编故事。通过故事来告诉你自己曾经多么傻、多么痴，从大学开始都是自己挣钱养活自己，虽然出身高干，但是自食其力。还告诉你，为了一个 8 年的男朋友，多年和家里闹翻，而且这个男人后来几年一直在国外。8 年中，她一直在等他，连别的男人的手都没有拉过，她一直在等他。后来，负心男与别人结婚，她孤独了 N 年，每天上班、下班，早早回家睡觉，直到遇见你，你是他第二个男朋友。让你觉得她遇见你之前的历史都是清白的。等获得男人的信任之后，她想尽方法地去商店买东西。每天都有理由，比如说，要给领导买化妆品等借口，咱们再逛一下吧，然后拉着你的手，结果必然是选好东西让你掏钱、刷卡。

第三步，分开阶段，万事必有原因。因为纸是包不住火的，所以为了达到目的，一定要在最快的速度内和你建立某种关系，比如情人、恋人、未婚女友。甚至分手后，依然要和你做好朋友、死党，以诈取最大的利益。分开，必然是你的利用价值降低。骗钱、骗色、骗感情，只要有的骗，就不会放弃宿主。

网络情感欺骗更是多如牛毛，她开始以某一件事情为借口，有了话题就有了谈的机会。在这个过程中，她会竭力地奉承你、迎合你，让你感觉她有多么真诚、多么善良，使尽浑身解数让你对她有初步的好感。等过了一段时间，她开始牵动你的心，拉着你的心灵走。当你心灵有驿动的时候，她趁机表白心境，把编造的自己的凄楚的境地和遭遇说给你，目的是让你同情她。当你的同情心萌生的时候，她会趁机表白，只有依靠你才能幸福、才能快乐。于是，她表示自己愿意和你白头到老，一生一世相爱到永远，仿佛罗密欧和朱丽叶一样的爱情再度降临人间。

美女经济被她们运用得十分精到，而她们根本就不考虑脸面和道德。轻易以身相许的女骗子更为害人，她使被自己套牢的人近乎疯狂。伪善、虚荣、卑鄙、阴险、贪婪、毒辣是女骗子的本性，悲悯、凄楚、善良、心灵空虚、以身相许是女骗子的伎俩，骗取信任、骗取金钱是女骗子的目的。因此，男人交女朋友一定要慎重，不要被她虚有的外表欺骗，要看清楚事实的真相是什么。

女骗子通常利用的就是男人喜欢猎艳的好奇心理，许以一个朦胧的可以得到她的心理预期，让男人的精神集中于怎么把女人搞到手上，而忽略了其他的客观环境。高明的女骗子让男人被骗后还心生感激。

## 一眼识破网络骗子

提起网络骗子来，大家都十分痛恨。辨识网络骗子，要明白一些基本常识。

首先，网络骗子有低级、高级之分。低级网络骗子是花钱雇来的、实行计件付酬的人，可以是内部人，也可以是外部人。他们的任务是就当前出现的具体问题引导舆论，混淆视听。他们通常的做法是：

第一，制造一个议论中心，转移民众最关心的问题。

第二，找民众的碴，为官方说话。

第三，故意造谣，编造假新闻，让民众思想远离社会的核心问题。

第四，对有冲击力的文章灌水，淡化其影响力。

第五，实在对付不了，最后的杀手锏是告黑状，让网站删帖子。

第六，对有影响力的作者，进行人身攻击和谩骂，把网坛搅浑，搞乱求知说理的地方。

这些工作都比较简单，没有创造性，一般稍有文化的小痞子都可以做，而且目的性很明显，一旦在网上出现，人们容易识别出来。

高级网络骗子的工作可就不是那么简单了，具有主动性、创造性和战略性，一般都属于一定的利益集团。有的在一定的部门供职，有的在垄断行业供职，有的是房地产巨头的代言人，有着比低级网络骗子丰厚得多的收入，有着非同一般的策划能力和久经锻炼的宣传才干。他们的目的就是为了整个利益集团在一个历史时期内的长治久安。简单说来，低级网络骗子做的工作是征服人力，高级网络骗子做的工作是征服人心。

要征服人心，首先就要利用人心；要利用人心，就要知道这一时期的人心所向。这一时期的人心所向是什么，他们就简单地附和什么。经过一些表面口号上的认同，他们身上就披了一张能让民众满意的皮，他们就凭着这张皮走入“自由派”或民主派，发言有了迷惑性，可以混淆视听，搅乱思维，获得了“打进去，拉出来”的瓦解力和杀伤力。这是一套全新的战略战术，正是本着这一全新的战略战术，他们利用新的理论成果与历史现实的错位，高扬经验和时代的风帆，制造思想鸦片，瓦解民众的反抗意识。

在此奉劝广大网友，尤其是刚上网或刚做业务的朋友：一是摆正自己的心态，做好长期没单的心理准备；二是不要贪图便宜，往往上当受骗的都是些想占便宜、想得意外之财的朋友；三是要多学习有关受骗及防骗之类的知识及经验。

凡是把有钱和认识有钱人放在嘴边的，大多是在编故事。

## 八大信号轻松识破谎言

生活中处处有谎言，这绝不是危言耸听。无论你是经理、公务员、作家、专家，还是其他任何人，都面临形形色色的谎言。而如果你被其中的某一个谎言欺骗，你的事业就很可能遭受重创。你要做的就是在 5 分钟内判断对方说的是真话还是谎话！

从以下八大信号，就可轻松识别谎言：

信号 1：声量和声调突变

说谎时音调升高，往往是因为说谎者为了掩饰虚弱的内心。所以，如果你问他刚刚是谁打来的电话时，他突然开始像喜鹊一样说话，你得警惕了。

信号 2：不提及自身及姓名

如果你向某人提问时，他总是反复地省略“我”，他就有被怀疑的理由了。反过来说，撒谎者也很少使用他在谎言中牵扯到的人的姓名。

信号 3：说谎时眼睛会向右上方看

说谎者从不看你的眼睛——他们知道这句忠告，所以高明的说谎者会加倍专注地盯着你的眼睛，瞳孔膨胀。每个人都记得小时候妈妈的批评：“你肯定又撒谎了——我知道，因为你不敢看我的眼睛。”这教会你从很小起就知道说谎者不敢看眼睛，所以人们学会了反其道而行之，以避免被发觉。实际上，欺骗者看你的时候，注意力太集中，他们的眼球开始干燥，这让他们更多地眨眼，这是个致命的信息泄露。

信号 4：笑容说明一切

真正的微笑是均匀的，在面部的两边是对称的，它来得快，但消失得慢。它牵扯了从鼻子到嘴角的皱纹以及你眼睛周围的笑纹。伪装的笑容来得比较慢，而且有些轻微的不均衡，当一侧不是太真实时，另一侧想做出积极的反应。眼部肌肉没有被充分调动——这就是为什么电影中的“恶人”冰冷、恶毒的笑容永远到不了他的眼部。

信号 5：反复问说谎者同一个问题

问一个人问题，然后等他们回答。问第二次，回答会保持不变。在第二次和第三次之间留一段空隙。在这期间，他们的身体会平静下来，他们会想：“我已经蒙混过关了。”如果一个人说：“我不是已经和你说过这件事了吗?”然后才勃然大怒，这多半是在欺骗。他也可能对你说：“事情是这样的，我还是对你直说了吧。”

信号6：真实表情闪现时间极短

人维持一个正常的表情会有几秒钟，但在“伪装的脸”上，真实的情感会在脸上停留极短的时间，所以你得小心观察。

信号7：撒谎的人老爱触摸自己

撒谎的人老爱触摸自己，就像黑猩猩在压抑时会更多地梳妆打扮自己一样。人在撒谎的时候越是想掩饰自己的内心，越是会因为多种身体动作的变化而暴露无遗。

信号8：说谎时鼻子会变大

你知道说谎时人的鼻子会变大吗？人在说谎时的反应是多余的血液流到脸上，一些人整个面部都变红了，这还会使你的鼻子膨胀几毫米。当然，这通过肉眼是观察不到的，但说谎者会觉得鼻子不舒服，不经意地触摸它——这是说谎的体现。

聪明人都知道，要想知道一个人是否说谎了，需要注意对方的面部表情。

## 分辨那些口蜜腹剑之人

有的人在说好话的时候，是单纯的、发自内心的表露，没有什么用意。但有的人却是居心叵测，别有用心，可能是为了某种目的而亲近对方。面对别人甜言蜜语的称赞，你一定要冷静面对。

唐朝的李林甫是唐玄宗时的宰相，一人之下万人之上，地位十分显赫。论政绩，为相近20年的李林甫是有些工作成绩的；说才艺，李林甫也算有两把刷子，能写会画。但是，讲到为人处世，李林甫可是非常不地道。与人接触时，表面上他总是满脸和蔼可亲，尽说些让人“感动”的“知心话”，内心里却已经开始害人了。

有个叫严挺之的官员，被李林甫排挤到外地去任职。一天上朝，唐玄宗又想起此人，就问李林甫严挺之现在在哪里，并说还想任用严挺之。退朝后，李林甫把严挺之的弟弟找来，说：“你哥哥不是很想回到京城吗？我倒有个办法。”严挺之的弟弟见李林甫如此关心他哥哥，很是感动，连忙请教怎么办。李林甫说：“让你哥哥给皇上上一道奏章，说他得了重病，请求回京城看病。”后来，严挺之真的按李林甫说的上了一道奏章。李林甫拿着奏章去见唐玄宗，说：“真可惜呀，严挺之得重病了，不能做大事了。”对此，唐玄宗很感惋惜。

一天，李林甫一脸诚恳地对同僚李适之说：“华山有丰富的金矿，如果开采出来就能大大增加国家的财富。可惜，这好事皇上还不知道。”李适之信以为真，忙去向唐玄宗提建议快点开采。唐玄宗听了很高兴，立即把李林甫找来商议。李林甫却说：“这事我早就知道，只是不敢对陛下说。因为华山是帝王‘风水’集中的地方，怎么能随便动呢？别人劝陛下开采华山，恐怕是不怀好意吧？”唐玄宗被他这番话所打动，觉得李林甫真是一位忠君爱国的好臣子，相反对李适之却大为不满，就渐渐疏远了。

上述两件事只是李林甫为人不地道的“沧海一粟”，类似的事还有不少。要不，司马光的《资治通鉴》怎么会在评价李林甫为人时说“世谓李林甫‘口有蜜，腹有剑’”呢？“口蜜腹剑”的典故就是这么来的。

生活中，甜言蜜语是常有的。但如果你发现一个人总是不停地给你甜言蜜语，你就应该格外注意，只有细细分析他的真实意图，才能防止被他人掌控和利用。

每个人都喜欢听甜言蜜语，但是听到别人的甜言蜜语时不能昏了头，而应该在对方的好话和赞扬中领悟对方的意图。

## 小心友谊背后的骗局

荀子在论人性时说："人之性恶，其善者伪也。"人生在世，待人做事时不要过于简单化，轻信别人，轻率行动，而既要看到有利的方面和人性中善的一面，也要看到不利的方面和人性中恶的一面，居安思危，小心防范。

经济活动的扩大，社会交往应酬的增多，个人活动的辐射，使"朋友"在当代极为走俏。俗话说："多个朋友多条路。"其实，"朋友"不仅是"路"，是信息，是声势，是捧月众星，是成交鹊桥，还是躲难的法宝。

"朋友"在中国传统中是两弯相映的明月组合，讲究肝胆相照，义字当先。可惜，当今正在为一个"利"字浸泡。

君不见，朋友间搭伙开店，集资办厂，有几个不是亏则扯皮拉筋，赚则打斗红眼的？

一个众人争当掘金客的时代，一个个体意识代替集体意识、生存意识代替理想意识、金钱意识代替事业意识的年月，梁山泊之大秤分金、大块吃肉、大碗喝酒之遗风能不搁浅？

一次，张医生在桂林进修，碰到一个叫毛玉凤的女人心脏病发作。救死扶伤为张医生的信条，他马上组织抢救。这以后，两人自然结成朋友。毛玉凤戴着金丝眼镜，文质彬彬，常说要报救命之恩。一次，她对张医生说自己所在的深圳公司给她分了 4 股股份，每股 2500 元，三个月后可获利 2 万元，并表示愿让 2 股给张医生表示谢恩。此等朋友、此等友情，不由得张医生不信，他立即将 5000 元交给毛。

转年春节后，毛玉凤又对张医生说："上次股红没分，是公司用股红做一笔大生意，三个月每股回报 3 万元。因为是老朋友，亲戚我都没给，再让 2 股给你，每股 3000 元。"张医生又把父亲多年积攒的 6000 元交给毛，毛说他这个朋友"爽"，不久，又把他介绍给自己的儿子小李。

小李对张医生说："你是我妈的朋友，我就算你的干儿子，我一定要在经济上帮你。"又说："我和北京的一个朋友在内蒙古办了个山羊养殖场，做羊皮出口生意，年纯利几十万元，冲你是妈妈的朋友，把一个 3 万元的股份给你吧，半年可赚 10 万元。”

张医生友情难却，况且利大，扯债拉债借了 3 万元交给小李，天天盼分红还债盈利。不料，7 月的一天，得到的消息是双方的生意都亏了，张医生只觉得五雷轰顶。

莫非毛某是骗子？不像，因为她的儿子小李又来了，晃一晃 50 元一扎的现金，拿出一张 4 万元的欠条，说要去买一只价值连城的古瓶，买回来后能卖 150 万元，还他张医生后还有多的。

人家举债设法还钱嘛，张医生再次为朋友之情感动，跟着小李去取那价值连城的古瓶。

谁知古瓶取到手后，小李说有事要先走。小李走后，张医生不慎被自行车撞了一下，古瓶应声粉碎。

到小李那里去时，小李抄起一把菜刀要他赔偿古瓶。张医生因此投资后分文未得，还不得不给小李打了欠债 20 万元的欠条。

张医生被气得病倒在床上，不久就向公安局报了案。

公安局说这叫“杀熟”，一种当前极其普遍的宰朋友的手段。

“杀熟？”张医生闻所未闻，他不懂朋友之道何以变得这样险恶。

他本能地喃喃一声：“既如此，人干嘛还交朋友？”

《庄子》中指出：“以利合者，迫穷祸患，害相弃也。”意思是说，因利害关系相结合的人在遇困难遭逆境时，很容易背弃对方。与此相反，“以天属者，迫穷祸害相收”。生活中，朋友也是如此。有些人交朋友只知道利用别人，而自已却很少为别人做些事情。这种朋友关系很难维持长久。因此，交友时一定要慎重。尤其那些有利害关系的朋友，交往时更要小心谨慎，保持距离。

与有利害关系的朋友保持适当的距离，不要轻信于人，更不要被金钱所迷惑。

## 分清是人是鬼

骗子在骗你之前，一定会先取得你的信任。当你相信他这个人时，别说是低下头来，就连叫你整个人弯下腰来，你也会愿意的。

子曰："与人谋而不忠乎？与朋友交而不信乎？传不习乎？"暂且不论，忠和信交友时自当切实奉行，以忠换忠、以信换信，此为人生之大理。

古人说："唯女子与小人难养也。"社会上到处都有小人，小人存在的目的就是陷害他人，哪怕你和他素不相识、素昧平生，但他害起人来从来都是乐此不疲。小人害人主要是因为这样做有利可图，损人可以利己。他们除了长着装满毒药的心肠和奴颜婢膝的媚骨之外，却有一颗天生脆弱的胆。他们从来不敢明火执仗地杀人放火，却躲在阴暗的角落中猥琐地发出冷箭，让人难以识得那张丑恶的脸庞。小人的眼睛紧紧地盯着视力所能及的利益，手则随时准备多捞一把。他们会为此用各种圈套来算计别人，令人防不胜防。因此，小人比恶人还要可怕。

小人虽"小"，但能量大。我们应当另眼相看，千万不能小瞧。同小人一起办事应酬，若处理不好，常常要吃亏。"小人"没有特别的样子，脸上也没写"小人"两字。不过，我们还是可以从其行为中分辨出来的。

航海有时需要弃船，人生有时需要弃友，二者都是非常之举。朋友是装在腔子里的一个灵魂。倘若如此，根本没有"弃友"一词。但交友选择错误或朋友的人格起了变化，这就产生如何由朋友变成非朋友的问题。弃友不得法，往往致使一个庞大的正数突然变成负数，殊非吉事。所以，必须谨慎，要多花点"心思"。

让我们来看一则寓言故事：

一只虱子常年住在富人的床铺上，由于它吸血的动作缓慢轻柔，富人一直没有发现它。一天，跳蚤拜访虱子。虱子对跳蚤的性情、来访目的、能否对己不利，一概不闻不问，只是一味地表示欢迎。它还主动向跳蚤介绍说："这个富人的血是香甜的，床铺是柔软的，今晚你可以饱餐一顿！"说得跳蚤口水直流，巴不得天快黑下来。

当富人进入梦乡时，早已迫不及待的跳蚤立即跳到他身上，狠狠地叮了一口。富人从梦中被咬醒，愤怒地令仆人搜查。伶俐的跳蚤跳走了，慢慢腾腾的虱子成了不速之客的替罪羊。虱子到死也不知道引起这场灾祸的根源。

所以，在选择朋友时，你要努力与那些乐观肯定、富于进取心、品格高尚和有才能的人交往，这样才能保证你拥有一个良好的生存环境，获得好的精神食粮以及朋友的真诚帮助。这正是孔子所说的“无友不如己者”的意思。

相反，如果你择友不慎，恰恰结交了那些思想消极、品格低下、行为恶劣的人，你会陷入这种恶劣的环境难以自拔，甚至受到“恶友”的连累，成为无辜受难的“虱子”。

假如你已经交上了坏朋友，就要敬而远之，最好的办法就是把他抛弃，这命名为“弃友”。要知道：把一只烂苹果留在筐里，会使一筐的苹果都腐烂掉。

什么样的人最好骗？陌生人比敌人好骗，朋友又比陌生人好骗。当你正逐步对别人卸下心防时，不妨想一想，他把你当成朋友，真的是因为喜爱你吗？

世事如棋，变幻无常。应酬搞关系就是这样，要灵活，不必和小人斤斤计较，也不必疾恶如仇地对付他们，与他们保持距离，敬而远之是上策。

不要轻易得罪小人，小人比恶人更可怕。交友要谨慎，学会适时“弃友”。

# 第十三篇
# 摆脱讨厌对象的心理策略

人生活在社会上，总要遇见形形色色的人，有你喜欢的人，自然也有讨厌的人。然而，由于各种原因，你不可能天天和你喜欢的人在一起，也不可能总是对你讨厌的人避而远之。掌握了心理操纵术，你就能巧妙地摆脱讨厌对象。

## 当你遇到讨厌的人

凡人总会有些地方会惹着别人，十全十美那是神。即便你圆滑无比，毫无球刺，也总有人看你不顺眼，这就是人性的微妙。俗话说："人的身上有两条虫，一条是可怜虫，一条是讨厌虫。可怜虫发作的时候带来怜悯，讨厌虫发作的时候带来反感和不喜欢。"

"讨厌"是心理学上的一种情绪概念名称，也是人类和动物最原始的情绪之一。然而，在社会化过程中，讨厌同样是一种未被改良的社会情绪。为什么我们会讨厌其他人？心理学家说："当我们讨厌某个人时，往往因为对方身上拥有和我们相同的缺点。"对方将我们的缺点暴露出来，所以我们也将讨厌他的情绪表达出来。这是讨厌发生的秘密。

明星、公众人物、名人……或多或少，在被一部分人"明恋"的同时，也被另一部分人"暗厌"。除此之外，价值观、生活方式、认同感，每个人都有自己的行为模式。细数身边，总会有讨厌的人存在。嘴上说"我讨厌……"，其实我们背后都可能是被别人讨厌、被别人非议的对象，职场上、家庭里、朋友圈、传播媒介上都会产生。老一辈人说，少说话，多做事。看看人家爱因斯坦，"跟在他名字后面的永远是相对论，而不是他的婚外情"。

有评论家说："最讨厌的人是世界的另一个我。"此话不假，最讨厌的人的优点是有待发现的幽灵。

有个著名的禅宗公案是讲苏东坡和佛印禅师的。苏东坡问佛印禅师看他像谁，佛印说看他像佛。苏东坡则讥笑道："我看你像一堆牛粪。"佛印不语。苏东坡高兴地回家说给苏小妹听，苏小妹说："哥哥，你这次又输了。你看别人是什么，你自己就是什么，你的看法是内心的投射。"

讨厌是一种感性的说法，如果我们理智地看待，几乎最讨厌的人身上都有值得学习之处。人们的普遍应激反应是同情弱者、讨厌强者。强大者必有讨厌之处，最讨厌的对象往往是因为强大而"获罪"。美国哲人爱默生讲了一句话："所有的英雄最后都令人讨厌。"人们用讨厌的模式来取得某种平衡和平等，从而适应“强者生存”的达尔文生态环境。

从讨厌模式切换到学习模式，是对待周遭事物最好的方式。讨厌是刹车，学习是踩油门。在经济提速的历史快车道，讨厌使人清醒；而在如今金融危机的滞速车道中，学习则使人进步。

中国人不只会情人眼里出西施，也善于仇人眼里出魔鬼——喜欢一个人，他就是天使；厌恶一个人，那他就是魔鬼。事实上，摒弃世俗的眼光，心平气和地思考，我们所讨厌的人，他们真的一无是处？恰恰相反，他们的许多能力、努力、耐力倒真是值得我们学习。学无定规，那些走在前列的人，开启的是学习模式。可人们也会担心，“我终于变成我所讨厌的人”。这种风险也是存在的。因此，有人打趣道：“当你变成你所讨厌的人时，你就成功了。”

面对你讨厌的人、你无法理解的人、与你关系僵持的人，你可以尝试以下几点做法：

第一，站在对方的角度考虑问题，多看看别人的优点而不是死咬缺点不放，要学会宽容。尊重对方，关心对方，多赞扬对方，不要不舍得开金口。很多人就是因为处在特定的环境，特殊的位置上，才会给人一种不好相处的感觉。我们要与人相处，起码一点就是要理解人家，不是吗？理解的开端就是换位思考，想一下在那样的情况下自己会怎么做？会不会比他做得更好？会不会有更好的解决方法？想一想，多想点，不要把人一杆子打死！要知道，每个人都有其特有的性格，肯定不会和你心中的那个人的样子一模一样的，我们只有在自己的原则范围内给对方足够的宽容和理解。我们必须更多地站在对方的角度来综观整个事件，也许你会找到不同的切入点，与之更好地相处。没有不能相处的人，只看你有没有心。凡事多站在人家的角度上看问题，一切问题都不是问题。

第二，忍让。从忍的字形上就可以看得出，是要用心的，即使刀架在脖子上也要忍住。虽然这样有时候会让自己受点委屈，甚至会吃点小亏，却能让你在以后更好地与之相处。因为他们会觉得你性格很好，很容易亲近！反之，你如果与之大吵大闹，为一个小问题争得面红耳赤，甚至大打出手，你不觉得到最后吃亏的还是自己吗？不但让自己大动肝火，还会让旁人觉得你这个人没有肚量，与你越来越远。

第三，和攻击性较强的人相处，对方的话不必放在心上，除了侮辱人格时应义正词严外。

第四，在关系僵持或恶化的时候，一定要主动表示友好，不要碍于面子、难为情。

第五，不要来硬的，要投其所好。如果对方喜欢搓一顿，那么就私下请他搓上一顿，改善关系。

第六，人际沟通的能力很重要，人际适应的能力更为重要。

没有人可以取悦于所有人，最讨厌的人也是相对的概念。记住一句有用的话："请你最讨厌的人吃饭，而不是请你最喜欢的人。"

## 婉拒能让人知难而退

生活中经常有这样的事情，当有人求自己帮忙的时候，而自己却实在办不到。此时，若直言拒绝，一定会使对方感到难堪甚至受伤害，直言的拒绝当然效果好，但这样的拒绝却如反面说话一样，是一种消极和否定的语言暗示，不是使人抵触反感，就是使人顾虑重重，增加心理压力。所以，我们需要把拒绝的语言加工一下再出口。这样做，既能让对方理解你的心，也不会让他人受到伤害。

两个来京打工的老乡，找到在某单位工作的李某，诉说打工之艰难，一再说住旅馆住不起，租房又没有合适的，言外之意是要借宿。

李某听后马上暗示说："是啊，城里比不了咱们乡下，住房可紧了。就拿我来说吧，这么两间耳朵眼大的房子，住着三代人。我那上高中的儿子，没办法晚上只得睡沙发。你们大老远来这看我，应该留你们在我家好好住上几天。可是，真不知让你们睡哪！唉，说来惭愧。"

两位老乡听后，应和几句，知趣地走了。

习惯于中庸之道的中国人，在拒绝别人时很容易发生一些心理障碍。这是传统观念的影响，同时，也与当今社会某些从众心理有关。因此，拒绝别人的时候，语言不要太生硬，不要损害别人的自尊心，给对方一个台阶，总之就是婉言相拒。拒绝别人，可以尝试从以下几方面做起：

第一，不要立即拒绝。想都不想地就说出"不"，会让人认为你是一个冷漠无情的人，更有甚者会认为你对他有成见。平时性子急的人，在拒绝人的时候，一定要先改掉这种心急的作风。当别人说出意见后，你想也不想便立刻拒绝，很自然会令人觉得你是对他有成见，对人不是对事。所以，应先重复一两句别人的意见，以表达你留心想过他的意见，然后说出拒绝的意思。或者说："你的意见很不错，但容我想想，待会我给你答复，如何？"那么，等到你拒绝时，别人知道你已经尽力了。

第二，不要无情地拒绝。表情在拒绝时，显然起着关键的作用。也许守旧派会认为表情冷漠是“权威性”拒绝的应有表现，然而，这种举止只会令人觉得你拒人于千里之外，没有一点人情味。

第三，面带微笑地拒绝。拒绝是难以避免的，也许我们不可能接受别人的全部要求，然而，太多的“拒绝话”多少会影响你跟对方的关系，而你的办事能力亦会受到质疑。拒绝时，切记将眼光放远一点，不要因为一次拒绝而失掉交情。在拒绝的时候，一定要面带微笑，态度庄重，让别人感受到你对他有一种尊重，从而欣然地接受你的拒绝。

第四，有建设性地拒绝。不要总是想着别人的意见不可采纳，一定要尽可能快地将思维恢复过来，转换新的思路。如果你所提出的要求办不到了，可以用另一个方案，也许事情就非常好办了。

第五，不要傲慢地拒绝。一个盛气凌人、态度傲慢的人，也许谁也不会喜欢接近他。即使这样，当他有求于你时，你也不能以傲慢的态度拒绝，因为谁也不愿意面对傲慢的人。

总之，懂得了婉言相拒，一方面给别人留下了面子，另一方面也表达了你的拒绝之意。让双方少一些尴尬，多一丝温情。

不会说话的人总是把拒绝的语言说得很生硬，不仅会伤害自尊，也会反伤自己，而会说话的人则往往习惯于用委婉来表达拒绝，如同春风袭人般的温存，温言几句既让人接受，也能让自己快乐。

## 搞定职场小人

一个人在社交中，会不可避免地遇到“小人”。如何妥善地处理和“小人”的关系，使自己不受“小人”攻击，这也是一门学问。

很难说清什么是“小人”，这个“小”既不指年龄，也不指长相。“小人”和“小人物”是两回事，“小人”会害人，而“小人物”则不会。所以，如果和“小人”的关系没有处理好，任何人都要吃亏。但是，“小人”又没有特别的样子，脸上也没写着“小人”二字，有些“小人”甚至长得既帅又漂亮，有口才也有文才，一副“大将之才”的样子，并且还很聪明。不过，你只要留心观察、用心研究，“小人”还是可以从行为上分辨出来的。

大体言之，“小人”就是做事做人不守正道，以邪恶的手段来达到目的的人，而他们的言行有以下特点：

第一，具有极强的猎奇心理。“小人”最喜欢那些奇闻怪谈、亦真亦假的消息，像一个不辨真伪的“收藏家”那样，对什么样的话题都感兴趣，来者不拒，视为珍宝。

第二，表面一套，背后一套。这种行为代表他们这种人的行事风格，因此对你也可能会表里不一，这就是“小人”的行径。

第三，喜欢说谎和造谣。“小人”说谎和造谣生事，是另有目的的，并不是以说谎和造谣生事为乐，而是“小人”生存的本能。

第四，喜欢挑拨离间。为了某种目的，他们可以用离间法挑拨朋友间、同事间的感情，制造他们的不合，他们却在一边看热闹，好从中取利。

第五，喜欢拍马奉承。这种人虽不一定是“小人”，但这种人很容易因为受上司所宠而趾高气扬，在上司面前说别人的坏话，只要一有机会就会抬高自己，就会变成真正的“小人”。

第六，喜欢追随权力。谁得势就依附谁，谁失势就抛弃谁，这是“小人”很明显的一大特点。

第七，喜欢踩着别人前进。就是牺牲他人为自己开路。值得一提的是，他对你的牺牲是根本不会在乎的。

第八，喜欢落井下石。只要有人跌跤，他们会追上来再补一脚。在“小人”眼里，看别人跌跤是最快乐的事。

第九，喜欢找替死鬼。明明自己有错却死不承认，硬要找个人来背罪。

事实上，“小人”的特点并不止以上这些。总而言之，凡是不讲法、不讲理、不讲情、不讲义、不讲道德的人都带有“小人”的性格。

“小人”是琢磨别人的专家，敢于为极小的恩怨付出一切代价。因此，在待人处世中，要想与“小人”打交道，还真得有一套行之有效的应对之策。以下几个原则可供大家参考：

第一，不得罪他们。一般来说，“小人”比“君子”敏感，也较为自卑。因此，你不要在言语上刺激他们，也不要在利益上得罪他们。尤其不要为了“正义”而去揭发他们，那只会害了你自己。自古以来，“君子”常常斗不过“小人”。因此，“小人”为恶，就让有力量的人去处理吧！

第二，保持距离。别和“小人”过度亲近，保持淡淡的同事关系就可以了。但也不要太过疏远，好像不把他们放在眼里似的。否则，他们会这样想：“你有什么了不起?”于是，你就要倒霉了。

第三，小心说话。说些“今天天气很好”的话就可以了，千万不要谈论别人的隐私、谈论某人的不是，或者是发某些牢骚和不平。这些话绝对会变成他们兴风作浪和有必要整你时的资料。

第四，不要有利益瓜葛。“小人”常成群结党，霸占利益，形成势力。你千万不要想靠他们来获得利益，因为你一旦得到利益，他们必会要求相当的回报，甚至就如鼻涕那般，粘上你不放，想脱身都不可能！

第五，吃些小亏也无妨。“小人”有时也会因无心之过而伤害你，如果是小亏，就算了，因为你找他们不但讨不到公道，反而会结下更大的仇。所以，原谅他们吧。

最好不要和“小人”针锋相对，那样做的结果，只会让他们感到受威胁，做出更多不理性的攻击行为。

## 在批评中加点蜜

在你与人交流沟通中，通常情况下应该用好言相求。对于这种“良言”，也应裹上“蜜饯”，让对方听着悦耳，在没有防范的情况下就范，从而使效果更好。

一对夫妻新搬到一个小镇上。几个月后，妻子向邻居埋怨图书管理员的服务态度不好，希望邻居能把她的话转告给图书管理员。几天后，当这对夫妇再次来到小镇图书馆时，那位管理员的态度发生了180度的转变，不但语气和蔼，还客客气气地向他们介绍新进的畅销书。于是，妻子兴奋地把这个转变告诉了他的邻居：“您大概已把我埋怨他服务态度不好的话转告给了他？”

“不，”邻居坦然回答，“希望您不要见怪，我没有跟他说您告诉我的那些话。相反，我对他说，您的丈夫称赞他管理得法，而您也夸奖他选购的新书很有水准。”

这真是要感谢那位理智的邻居，如果他原原本本地转告，结果将会怎样？中国有句古话叫“诚于嘉许，宽于称道”，这就是友善力量的反映。

因每个人都有一种渴望受到尊重的需要，也希望有共同的爱好。如果你能够满足这种需要，就会发展你们之间的关系。

有一位学生在读高中的时候，由于学校离家很远，交通也不方便，只好在学校附近租了一间小屋子。那地方很好，低矮的铁栅栏使院落显得非常别致，四周的景色也很优美，而且安静极了，正是读书学习的好场所。然而，那并不算贵的房租仍是他这样的寒酸学生负担不起的，他很自然地就想到了减租。然而，几位算得上“过来人”的师兄坚决地劝他不要那样做，并告诫他：“这位房东可不是一个好对付的家伙，顽固得在当地出了名。”一般的办法肯定不行，必须另谋他径。于是，这位学生暗藏心机地给房东写了封信，大意是说住满整月后准备迁出，希望月底之前他抽空来处理此事。当然，他的语气十分客气委婉。实际上，他根本不想搬走，只希望减少租金。

几天后，房东果然来到学生的屋子。他热情地让座并为房东泡茶，充满和善地同他聊了起来。这位学生没有开口提房租过高的事情，而是谈如何满意周围的环境，赞扬他眼光独到，欣赏他管理房子的方法，并告诉他自己非常愿意住下去，只是限于经济能力不能负担。

也许这位房东从没受到过房客如此的赞扬，面对学生的友善有点不知所措，他开始向学生诉说他的难处。学生静静地聆听，并不时表示出理解和同情。他们谈得很投机，他甚至拿学生以前的几位房客做比较，称赞学生是讲礼貌有修养的人，他乐于有这样的房客。没等学生提出请求，他就主动减少了一点租金，学生希望再减少一点，就说出自己能够负担的数目，房东毫无难色地答应下来。当他离开时，还问是否需要其他帮助。无疑，这位学生获得了成功，而且可以说成功得还很漂亮。

假如这位同学和其他房客一样责备房间陈设简陋、过时或是故意寻找一些没有必要的理由同房东争吵，注定会遭受同样的失败。然而，这位学生用了友善、同情、欣赏、赞美的方式，不仅把房租减到最低，而且还和房东建立了很好的关系。

英语中有一句谚语：“一滴蜂蜜比一桶毒药捉住的苍蝇还多。”同样的道理，一点友善可以达到一大堆责难达不到的目的，更重要的是它能在人与人之间架起一座爱的长虹。

## 改善你的讨厌情绪

人在职场，不可能什么人都喜欢，更不可能没有讨厌的人。大多数人遇到职场中的讨厌的人时，总会选择对别人避而不见或者横冲直撞表现自己，可最终摔得满头包的也许正是自己。

讨厌是一种情绪。情绪可由自己控制，别让情绪牵着自己走，学着掌控自己的情绪，别让讨厌情绪影响自己的工作。不要因为讨厌别人，就拼命地想着别人不好的地方。试着去了解别人，在了解中慢慢发现别人的优点，可能讨厌会随着了解消失。

讨厌如同传染病，很容易在办公室蔓延。新进办公室的新人别跟风讨厌某人，你可以像对待普通人一样去对待被讨厌者。要知道，讨厌是把双刃剑，不好的情绪在影响他人的同时，也会影响你自己。

别在事情没了解清楚的情况下就去讨厌人。许多事情并不像表面看起来那么简单，可能另有隐情。多站在对方的立场想想，也许他当初这么做确有他不得已的“苦衷”。

别把讨厌的情绪带到工作中。有些人可能因为讨厌别人，便故意在工作上给对方设障碍，这种做法是很不明智的。要知道，公司是一个团队，在工作上设碍也就间接妨碍了公司的发展。如果被上级领导知道，最后难堪的可能会是你自己。

别让讨厌明朗化。如果你真的讨厌对方，也请别把讨厌放在脸上。如果讨厌让人知道，会造成矛盾，大家可能会互不相让。如果不小心你惨败了，你自己也无法在公司继续工作。让讨厌看起来若有似无，大家相处就不会显得尴尬，而且如果有什么变化，也能及时扭转局势。

每个人都有自己的优缺点，可能自己未发现，但在与人相处的交往过程中，往往别人会发现你身上存在的问题并予以指出。但是，有的人只注意别人的缺点，经常数落别人的不是，明明是自身的问题，也会把错误归咎于他人。这种做法怎么不让人对你“另眼相看”，从而对你产生讨厌的情绪呢？如何才能化解心中的讨厌情绪，以最佳状态进行工作？解决的方法有很多种，其中最主要的还是自我检查，尽量客观地看待问题，在看到别人身上的缺点时，也要检查自身是否存在问题，不要一味地将错误怪罪于别人，适当地自我反省，从自身下手，找出问题的出处，加以纠正，避免今后犯同样的错误。尝试着做换位思考，站在对方的角度、立场看待问题，试着问：如果是我，是否也会发现对方的优点？也可以寻找共同的话题，逐渐拉近彼此的距离，而后加强沟通，进而慢慢消除讨厌的情绪。如果不能通过以上方式解决，也可寻求专业人士帮助，进行专业分析、指点调节，从而拥有健康的心理状态。

与讨厌的人一夜之间就建立亲密关系是不现实的，但若你真诚地去改善关系，对方迟早会感觉到这一点。假如你对周围一切都心存厌烦，包括厌烦你的工作、你的上司……你就更要用一种积极方式与人交谈，谈些你喜欢的事，至少你可能会找到与对方的某些共同点。

不要盲目地讨厌别人，请明智地“讨厌”，为“讨厌”戴上微笑的面具。

# 第十四篇

# 教育孩子的心理策略

现在，孩子的教育越来越重要,但父母却不了解孩子的心理。很多时候，尽管我们对孩子付出了百分百的爱，却不能让孩子感到满意，甚至连自己都会感到相当不满意。在教育孩子的时候，我们必须首先了解孩子的心理和特点，绝不能把自己的意愿强加在孩子身上。否则，就会事与愿违，导致孩子自卑、自闭、不自信，甚至毁掉孩子的一生。所以，作为父母，我们爱孩子，但更应该懂孩子！

## 教育孩子，首先必须了解你的孩子

父母是孩子人生道路上的第一任老师，是孩子在这个世界上最值得信赖的人，教育孩子是父母的天职，要想教育孩子，首先必须了解孩子的类型。

第一，认知型孩子。

如果你的孩子属于认知型，那就比较适合运用美式教育法，平常要以朋友的方式来对待他。与孩子沟通时，一定要以理服人，千万不能让孩子感觉你在以大欺小，以势压人。你对孩子有某些想法或要求时，可以用商量的语气说出来，比如说："小宝，妈妈觉得这件事这样做会好一点，你看是不是?"或者说："妈妈觉得这衣服比较适合你，你觉得怎么样?"这样一来，孩子的想法会得到尊重，也调动了孩子动脑思考的积极性。

此外，认知型孩子大多内省能力比较强。所以，在他们犯错误时，可以先诉诸情感。比如，说"你这样做，妈妈很难过，很伤心"之类的话。

当孩子犯错时，看到妈妈不开心的样子却并没有责怪他，他就可能会自我反省，而且犯错后的抗拒心理也会相应降低。于是，接下来的说理就会很顺利，孩子一般也不大会再狡辩，也可以有效地避免亲子之间可能发生的冲突。一定注意不能用"你怎么这么笨，你怎么这么不听话"之类的说法。家长如果能经常说一些"你这样做，我怎样……"之类的话，孩子就会比较容易接受。

当孩子遇到挫折时，家长应当给予鼓励，而不是嘲讽。可以这样说："你现在做得已经很好了，爸爸像你这么大的时候还不如你呢!"及时的鼓励是很必要的，千万不能说："你怎么这么笨啊，这么点小事都做不好。"这样说话对孩子的打击是很大的，容易导致孩子形成胆小懦弱的性格。

父母是孩子人生道路上的第一任老师，是孩子在这个世界上最值得信赖的人。爱孩子是父母的天性，但怎样去爱、如何去教育却大有讲究。在任何情况下，家长都不应该用讽刺、挖苦的语言和方式去伤害孩子……

第二，模仿型孩子。

模仿型孩子一般模仿能力都很强，只要他感觉好玩或有兴趣的事物，不论好坏，他一律都会学。所以，这种类型的孩子必须慎重选择玩伴，而且要及早告诉孩子什么是正确的，是该学的；什么是错误的，是不该学的。孩子处于这个阶段，与父母相处的时间最多。所以，父母一定要以身作则，不要在孩子面前有不良的言行，以免孩子有样学样。对于平时表现好的孩子，要多给予鼓励夸奖，使孩子对好的事物加深印象，养成良好的习惯。另外，多给孩子读一些伟人传记、历史典故及寓言故事，给孩子树立榜样，都能很好地规范孩子的行为。

第三，逆思型孩子。

如果你的孩子属于逆思型，那么恭喜你，虽然你的孩子的一些行为可能显得与常人不同，但他却拥有很强的创新能力，具有发明家的潜质。如果家长能掌握孩子的特质并用适当的方法去引导，那么以往那个令你头痛的“爱找麻烦”的孩子也会很容易地朝着你规划好的方向前进。本类型的孩子思维方式与常人不同，常常以成年人意想不到的角度去考虑问题，有时候会让家长、老师觉得很好笑。

其实，这只是孩子与我们成人看事物的角度不同而已，并不代表孩子的见解或行为有错。所以，家长一定不要轻率地斥责孩子，而是应该站在孩子的角度，以宽容的态度给予孩子理解和引导，绝不应该不尊重孩子的意见，强迫孩子顺从大人的意愿。

建议家长采取以下方法：以激将法刺激孩子朝相反的方向活动。如对他说：“你不做这件事，不是因为你不想做，而是因为你根本做不到。”以积分的方式对孩子进行奖惩，达到要求时给予奖励，反之则给予处罚。与孩子协商制定一种合理的管理奖励办法，以激发孩子的主动性。

在孩子的头脑中，并没有成年人的那种“一寸光阴一寸金”的概念，经常会有懒散、懈怠或拖拉的现象发生。这就要求父母能够观察孩子、了解孩子，想出切实可行的办法来帮助孩子养成遵守时间、珍惜时间的良好习惯，以利于孩子积极应对学习和生活中遇到的挑战。

第四，开放型孩子。

开放型孩子拥有开放性思维以及大量吸收知识的能力。家长可以大量地教给孩子各类知识，不要怕孩子吸收不了，也不要担心孩子太小，会感觉累。在正常情况下，孩子都能很轻松地吸收、消化大量的知识。0～10岁是孩子学习的最关键的基础期，此阶段对孩子的培养意义特别重大。开放型孩子的缺点是学习主动性不够，大多是被动学习。如果家长陪同学习、一对一地对孩子进行辅导，效果会很不错。总之，只要你加大培养力度，孩子的潜力就会被挖掘出来，孩子的智力和各种技能就会有一个长足的发展。

你到底了解你的孩子多少？你知道孩子最不喜欢什么？最爱的又是什么？如果不知道答案，那么从现在就开始去了解。

## 做孩子的知心辅导员

家庭是孩子的第一课堂，父母是孩子的第一任教师。先来看看一位家长的话：

曾有一段时间，我发现女儿放学回家后的话题变了。她常常说，谁又买了新文具，谁又穿了新衣服，谁家有车，谁的父母多有地位。

记得那年冬天的一个周末，难得我和她爸爸都有时间，天气又好，我们一家三口回了一趟农村老家。在准备回城的前一天，天气突变，飘起了雪花。为了安全起见，我们决定周一一早雪停后再走。孩子的表叔开着一辆小货车送我们回家，怕影响孩子上课，便开车直奔学校。当车刚行驶到学校路口时，不知怎的，孩子偏不让把车开到校门口。因天气很冷，孩子的表叔坚持要把车开到学校门口，但孩子执意要下车自己走。争执不下，我想这里一定有什么原因，当着她表叔的面不好深说，便决定先随她去。

下午，她放学回来，我问她原因。起初她不说，经再三询问，她才说："别的同学坐的车都是小轿车，哪像我坐着拉货的车上学，让同学看见多难堪，他们谁都得拿我开玩笑。"听了这话，我真的生气了，小小年纪的她怎么会有如此的虚荣心，这是从哪儿学来的！二叔为了她，影响半天的工作不说，还冻了半天。我气呼呼地对她说："小小年纪，居然比起车来了，你怎么不比比学习？说到底，还是嫌你父母没本事啊！"孩子听了这话，哭了。我没理她，心想她也该好好想想了。

可是，夜深人静，当我躺在床上时，我却失眠了。孩子长大了，她开始有自己的思想了。孩子固然有她不对的一面，可这不能全怪她，社会、周围环境都对她有着潜移默化的影响。再说，从某种意义上讲，她也是希望过幸福的生活，渴望父母事业有成。我对她的关心还是不够，今天的事，我处理得也不冷静。于是，这以后，我抽出时间，常和孩子谈心，告诉她，生活是自己创造的，要想生活好，得靠自己努力。父母的一切只能是父母的，不属于孩子，拿父母的成绩来炫耀是不对的。那时，孩子还小，似懂非懂。我就给她讲松下幸之助的故事，带她看电影《居里夫人》，我希望她能懂得我的良苦用心。

同时，我更加倍地投入工作。几年来，我从一个普普通通的个体劳动者，成为区里最年轻的个协理事，参与区里的建设。我和孩子一起为希望工程捐款。在这点点滴滴的琐事中，孩子变得懂事了，她开始理解了我的忙碌，理解了做人的一些道理。她不再为一点小事掉眼泪，开始热心于集体活动，在集体活动中找到快乐而不再总缠着我。她还学会了关心人。后来，她担任了班干部，并为组织好每一项活动而开动脑筋。看着她的忙碌，我由衷地感到高兴。

作为家长，一定要明白，孩子的内心世界是丰富多彩的，充满了纯真、善良、浪漫。但是，除了学校、家庭、社会的正面影响外，社会的负面效应如攀比心理、虚荣心理、浮躁心态等也时刻冲击着孩子稚嫩的心灵。另外，独生子女的特有问题，如孤独、以自我为中心、独立性差、情感脆弱等也常常困扰着他们，影响他们的健康成长。

从心理学角度来说，子女对父母的情感分两个层次，一是感激，二是敬佩。当我们给予孩子的仅是衣食住行的物质满足时，我们得到的只能是感激；当我们给予孩子的是更深层次的精神满足时，当孩子能从我们身上学到坚韧不拔、积极进取、乐观豁达的品质时，他们回报我们的将是敬佩。

要做孩子的知心辅导员，家长应该知道：

第一，辅导者与被辅导者的关系应该是朋友似的平等关系。由于孩子的生活经验有限，他看问题的深度和广度会受到限制，再加上价值观还没有完全建立，所以在更多的时候需要家长辅导。但是，辅导的前提有两个：一是要对他的所思所想有比较全面的了解，使家长的辅导更加有针对性；二是合作态度，辅导者与被辅导者的关系应该是朋友似的平等关系，孩子可以反驳、可以提出质疑，大家对事不对人，不主张把关系变成教育者与被教育者的关系。

第二，避免把我们的意识强加给孩子。无论怎样，都要避免把我们的意识强加给孩子，把辅导变成教导，进而又把教导变成教训。

第三，要讲究方式、方法，还要了解孩子的心理。人们常说家庭是孩子的第一课堂，父母是孩子的第一任教师。然而，要做好第一任教师，上好每一堂课，可绝不是一件容易的事。除了爱心、责任感外，还要讲究方式、方法，要了解孩子的心理，并不断提高自身修养。只有这样，才能真正成为孩子的良师益友，得到孩子的尊重。

第四，遵循孩子自省自悟的过程。父母经常会急于教训孩子，这样做就忽略了一个重要过程，那就是孩子自省自悟的过程。这时候，特别需要父母们的耐心。同时，还要有思想准备。有时候，一次两次的交谈沟通还不足以让孩子明白真正的事理。我们要清楚，这个过程可能会慢一些。所以，千万不要嫌孩子反应慢、不聪明，更不可以由此就说他是个笨孩子，那种嫌弃的态度会影响亲子关系的正常发展。

唯有感受孩子心中的声音，才能走进孩子的心灵世界。

## 家庭战争——孩子的灾难

充溢着温馨、爱意、亲情的家庭氛围是一个无声的课堂。看看下面这位同学的日记，我们不难了解孩子的心声：

我爸又和我妈吵架了。我爸爱喝酒，喝多了就骂人，有时还打人。这两年，他们单位效益不好，连工资都发不出来，所以他的心情很坏。我妈单位的情况要好一些，每月好歹还有几百元收入，说起话来自然厉害，句句都戳到我爸的短处上。我爸就更加生气，更加拼命地喝酒，甚至动手打我妈。我妈也不示弱，又掐又咬，一仗打下来，两败俱伤。我心里特别害怕，刚开始还想拉架，谁知不拉还好，一拉，倒挨了我爸一耳光。

我有了经验，碰见这种场面，一定要躲到外面去，任他们闹得天翻地覆。再后来，我就不愿意待在家里，看他们仇人似的面目，我感到特烦。

后来，这事不知怎么在同学间传开了。见了面，就有同学不怀好意地问我："你爸你妈又打架了？"我就非常痛苦，常常躲在没人的地方大哭。别人家的父母都和和气气，为什么我的父母就有这么大的仇恨呢？

我感到很自卑，在同学面前抬不起头，即便有些同学是出于关心来安慰我，我也不予理睬。我变得越来越孤僻，也越来越恨我爸我妈了。我的学习成绩当然越来越差，上课听不进去，作业经常不交，哪有心情学呀！

这天，我一看家中气氛不对，当即扔下饭碗，连饭都没吃完，就出了家门。反正上学也没多大意思，我就开始了流浪生活，一直在社会上混了三个月，跑了好几个城市，才被送回爸妈身边。我爸我妈见到我，哭得像泪人一样，后悔不已，说他们今后再不吵架了。我也哭了，我说我多么想有一个温暖的家啊……

在恶劣的家庭环境中，孩子在心理上所形成的浓重阴影，将影响孩子的一生。本案例中的这个孩子，由于父母的不和谐，经常发生家庭战争，给他造成了心理伤害，使得他性格孤僻，与别人的交往变得越来越困难。沉重的自卑心理，使他难以昂首挺胸做一个堂堂正正的人。还有他对父母的仇恨，也是必然的。

在有些家庭中，气氛确实是不太友好的，因琐事而争执不休，弄得夫妻关系异常紧张。究其原因，有可能是双方个性都太强，一旦出现矛盾，就互不相让；也有可能是积怨过深，由于过去的一些陈年旧账，使双方矛盾重重，谁也不肯原谅谁；还有可能是家务琐事所引起的，比如分担家务活的多少、处理经济问题的权力争执等。

不管是属于哪一种原因，夫妻间出现矛盾，甚至激化为家庭战争，都是很不愉快的事情。如果是两口之家，矛盾也仅局限于夫妻二人。但不幸的是，在三口之家，孩子夹在父母中间，左右不是，束手无策，惶恐不安。

尽管在家庭矛盾、家庭战争中，当事人都要承受相当大的冲击，在工作、生活中处于劣势，但与孩子相比，这些冲击都显得微不足道。初涉人世的孩子对这些纠纷的感觉更敏锐，他们茫然无措，苦苦哀求，却无济于事。他们希望看到父母的笑脸，感受到父母浓浓的爱，可看到的却是两张凶巴巴的脸。等到战争暂时平息，孩子甚至还被失败的一方拿来当作出气筒。谁能指望在这样的家庭里会诞生牛顿、爱因斯坦？连一张安静的书桌都放不下，孩子怎么能安心念书？

夫妻吵架毕竟不是什么好事，对孩子、对大人都不利。那么，如何避免吵架并打破吵架后的尴尬局面呢？

第一，平常不吵架的时候，先约法三章：不同时发火；不摔东西、不动武；不说“离婚”两字。这样不管再怎么吵，只要不伤感情，也就没有化解不开的矛盾。

第二，吵架过后，主动伸出手去，并把这种大度视为自身的美德而引以为荣。

第三，实在无“台阶”可下的时候，可以请对方的亲朋好友来家做客，不说吵架的事，若无其事地度过愉快的时光。等客人走了，不快也就烟消云散了。

第四，不要得理不让人。即使明知自己处于上风，也可以诚恳地先检讨自己在吵架过程中的不当之处，然后给对方一个空间，让他一个人静一静。有的人死要面子，明知自己错了也不会当场认错，尤其在双方都讲了过分的话以后。所以，要搭个“梯子”，让他缓一缓气，自己走下来。

第五，送花、送礼物道歉，这在婚后生活中并不多见。当然，如果知道对方很吃这一套，不妨一试。

第六，聪明的人会在吵架之后很快冷静下来，并把吵架中的某些过程当成自嘲的笑话，博对方一笑，一切也就烟消云散了。

第七，实在控制不住时，也要尽量避开孩子。这样可以尽量避免给孩子造成伤害。

俗话说："天上下雨地上流，夫妻吵架不记仇。"事实上，夫妻间的正常争执并不会伤害彼此的感情，争辩的结果应该是了解彼此真实的想法，达到和谐的目的。一旦雨过天晴，误会消除，美丽的彩虹就会出现，夫妻双方的相互理解就能得到加深，爱也就因此进入一个新的境界。当然，这并不包括那些无理取闹、"大吵三六九，小吵天天有"的夫妻，因为频繁的争吵会把婚姻推进泥潭里。有些夫妻吵架只是为了征服对方、控制对方，而且不分时间和场合，蛮不讲理，出言不逊，伤及对方自尊，甚至还把"文斗"升格为"武斗"。如此吵架，不仅与爱无关，也与交流的目的背道而驰，最终也必定会伤及孩子，破坏夫妻之间的感情，让家庭"遍体鳞伤"。

要有良好的社会，必先有良好的个人；要有良好的个人，就要先有良好的教育。而一个良好的家庭，对一个孩子的成长来说至关重要。

## 家庭教育出现问题，谁之过

越来越多的人认为，没有教不好的孩子，只有不会教的父母。让我们来看一看下面的例子：

星期五晚上，刘老师家隔壁传出了邻居小林严厉的训斥声："这还得了，小小年纪就知道做手脚！"

刘老师一听便知道，望女成凤心切的小林又在教训女儿明明了。于是，他让妻子把小林拉过来。

怒气未消的小林一进门就气冲冲地说："你倒给我讲讲看，这种小囡怎能管得好！今天，我被明明的老师叫到学校去，你猜为什么？这小家伙将单元测验的成绩改了，'58'变成'88'，骗我在学生手册上签了字，胆子大吗？'红灯'变'绿灯'，一路畅通无阻。靠这种手法来变，真是气死我了！"

这样的弄虚作假不仅要气死小林，恐怕也要气死许多家长。然而，光气还不行，还要有指导孩子的正确方法和帮助孩子的具体手段。在这里，小林的说法本身就存在许多错误。

例如，"这还得了，小小年纪就知道做手脚"！实际上，其中就暗示了"大人可以做手脚"的观点。明明为什么不能做手脚？关键是她还是"小小年纪"，如果不是"小小年纪"就不在此列。这就是典型的不讲理了。

再例如："这种小囡怎能管得好！"实际上就是说明从此以后孩子就"不可救药"了。"胆子大吗？"这实际上不是批评。因为胆大并没有什么不好，如果因为"胆子大"就要批评，那就有些莫名其妙了。然而，和小林一样的家长实在是太多了。他们坚信自己没错，错的都是孩子。生活在这样的家庭中，这样的思维方式同样会慢慢地传染给孩子，大家都说"自己没错"，那么到底谁错了呢？这样的教育效果可想而知。

通过分析不难看出，家庭教育中存在的问题都是父母造成的。

第一，孩子身上所有的过错几乎都能在父母身上找到根源。孩子人生之路的铺垫工作主要是由父母在做。如果我们觉得自己的孩子不够优秀，那一定是我们铺垫得不够好。如果父母没有良好的生活习惯，那么孩子的良好生活习惯也就无从谈起；如果父母没有“朴素”的意识，孩子也不会知道“朴素”是个什么东西；如果孩子经常说谎，那一定是父母做得不够好，让孩子无法在父母面前坦荡地诉说真相；如果孩子不喜欢学习，那他一定是曾在努力学习的道路上受到过不公正的评价，而这些评价大多是来自父母。

第二，不科学的行为和方法阻碍了亲子关系的和谐。尽管你是爱孩子的，但你的方法是不是科学，你无从考证。或许，你根本就没想到要考证。或许，你还来不及考证，下一个问题又来了。由于大家都太忙了，于是来不及考证的东西就这么不停地实施着，而问题也越积越多。在这些行为的影响下，孩子的人格会不会在发展中变形走样？会不会影响到他的心理健康？孩子真正的内心痛苦和寂寞有谁知晓？

第三，放弃对孩子的养育，把他完全交给老人或学校。有很多家长都认为自己很忙，就把孩子完全托付给老人或学校，并且他们认为自己的“忙”，绝大部分也是为孩子在忙。实际上，这个“忙”更多地只是管吃管喝，管金钱和物质供应。他们没有跟孩子贴身相处，于是也没有机会向孩子施加那些本该由他们对孩子施加的影响，这种行为所造成的后果便是爱的遗弃。

第四，对孩子所表现出来的情绪视而不见。特别高兴、特别兴奋、特别激动，是一种情绪；特别沮丧、特别愤怒、特别担心，又是一种情绪。我们在这里主要指的是负面情绪，即孩子们在担心、着急、恐惧、焦虑、不安中所表现出来的情绪。我们有时候认为，小孩子有情绪不用理他，一会儿就过去了，甚至可能忙得无暇顾及他的情绪。而每个情绪背后一定是孩子发生了什么，也许这正是最需要你帮助的时候。情绪是一种信号，生活中有很多孩子做出了一些很过激的行为，事先都有一定的信号传递给我们，但我们没有觉察到。比方说，自杀前、离家出走前，包括犯罪行为前等。

第五，利用孩子来维持或挽救婚姻。有很多父母喜欢对自己的配偶说：“要不是因为有这个孩子，我早就跟你拜拜了。因为有孩子夹在中间，我才得过且过、睁只眼闭只眼罢了。”对于这种情况，我们能不能想象一下，现在的家庭中，如果没有了孩子的牵绊，离婚率该会有多高？夫妻两个人已经不和睦了，但在孩子面前他们却装得很和睦。其实，这种行为是很愚蠢的。孩子一定会有所觉察，他会感到爸妈之间给予对方的关注不够，家里经常有吵架声，家里的笑声没有别人家里的多，而孩子又会经常无缘无故地被训斥。生活在这样的家庭里，他一定会有极大的不安全感。而我们做父母的，把“和睦”这种假象展现在孩子面前，试问一句，我们想让孩子在这些假象面前得到什么呢？

第六，父母自己的行为不端，污染了孩子的成长环境。我们经常抱怨社会风气不好，学校管理不严，让孩子受到很多不好的影响。可是，别忘了，有很多影响是来自我们家长的。我们在现实生活中经常看到有一些家长在打麻将时，也会冒出这么一句话：“儿子，你来替我打几圈。”老师们说，我们在学校教一套，孩子回到家看到的听到的又是另一套。家庭教育与学校教育不一致也是孩子的一大困惑。

第七，家庭不是最温馨的港湾。说你关爱你的孩子，你肯定能接受。可你也做了一些伤害孩子的事，有些伤害是很痛的，但你却从未察觉。比方说，你认为家庭一定是世界上最温馨的地方，可是，当孩子拿着100分的考卷回来的时候是温馨的，当孩子拿着30分的考卷回来的时候还温馨吗？你的温馨是有条件的。你在他最需要温馨的时候，给予他的却是训斥和不满。

第八，我们关心自己胜过关心孩子。其实，更多的时候，我们只关心我们自己。看看以下话语，是不是很熟悉：“你要听话！这样我的日子就会很好过，你听话才对得起我的辛苦。”“你一定要考上大学，这就是我们对你的最大期望。”“他能努力学习，我就很开心。”“他的大脑最好简单一点，一心学习，别犯错误，别给我惹麻烦。”我们是否关注孩子的感受？“你一定要成为钢琴家！”到底是你想让他成为“家”，还是孩子自己想成为“家”？其实，我们更多的时候关注的是我们自己的感受，关注的是我们自己的需要。

第九，家长在孩子面前的威望形同虚设。很多时候，孩子不听话是我们的威信不够，是我们给他的信任度不够，这也是家长把孩子完全推给学校的原因之一。为了顾及我们的面子，维护我们的那份自尊心和作为家长的威严，孩子会说假话，会说违心的话，会说一些讨好的话，甚至表面上哄我们开心，私下里想干什么还干什么。而我们却不知道，还以为自己真的有威信。

第十，没有受过专业训练却强为人师。我们根本就不知道该如何做父母，我们能够成为好父母的自信心是很脆弱的，一直在摸着石头过河，在摸爬滚打中当着父母。

要想改变孩子，首先要改变自己。家长要教育孩子不弄虚作假，首先要从自己身上找原因。家长以身作则，言传身教至关重要。

## 好父母要懂孩子的心理

家庭对孩子一生的成长是至关重要的。家庭是社会的基本细胞，是孩子人生的第一所学校，家长是孩子最重要的启蒙老师。父母与孩子朝夕相处，接触的时间和机会也最多，父母的言行每时每刻都在影响着孩子，父母的教诲引导孩子从小走到大，对孩子今后的成功同样具有重大而深远的意义。家庭教育作为孩子通向社会的第一座桥梁，对孩子个性品质的形成，以及健康成长起着重要的作用。若家庭教育失当，这些独生子女容易出现以下一些心理偏异：

第一，父母的娇宠溺爱，容易使孩子变得自私，遇事先考虑自己的利益得失，从不为他人着想。

第二，长辈们对“独苗苗”百般爱护，不愿约束孩子，致使孩子不尊重长辈，唯我独尊，走向社会也不懂得如何尊重别人。

第三，独生子女没有兄弟姐妹为伴，既不易养成与人协同合作的精神，又缺少竞争性。所以，导致社会适应能力差，容易形成孤僻的个性倾向。

第四，在家里，许多本该独生子女自理的工作都由父母代劳，这样容易使他们养成依赖性，而缺少劳动自觉性。长此以往，自主精神和能力都很差。

第五，家长望子成龙、望女成凤心情急切，利用孩子的休息时间，花费大量金钱请家庭教师，帮助孩子学习琴棋书画，没完没了。这样必然占用孩子应有的游戏时间，势必会促使孩子产生厌学情绪。

那么，如何才能尽善尽美地进行家庭教育呢？这就对我们的父母提出了更高的要求，即必须把心理学融入家庭教育当中。

我们先来看这样一个发生在我们身边的事例：

有一个八岁的小男孩，有一天放学以后怒气冲冲地回到家里，进门以后便使劲地跺脚。此时，他的父亲正在院子里干活，看到儿子生气的样子，就把他叫了过来，想和他好好聊聊，以便了解儿子如此气愤的原因。

这个小男孩很不情愿地走到父亲身边，气呼呼地说：“爸爸，我现在非常生气。同桌以后甭想再得意了。”

父亲一边干活，一边静静地听儿子诉说。儿子说：“同桌让我在朋友面前丢脸，我现在特别希望他遇上几件倒霉的事情。”

他父亲听完后，默默地走到墙角，找来一袋木炭，对儿子说：“儿子，你把前面挂在绳子上的那件白衬衫当作同桌，把这个塑料袋里的木炭当作你想象中的倒霉事情。你拿木炭全力去砸白衬衫，每砸中一块，就象征着同桌遇到一件倒霉的事情。等你把木炭砸完以后，我们再来看看会是什么样子。”

儿子觉得这个游戏很好玩，便毫不犹豫地拿起木炭向白衬衫上砸去。可是，白衬衫挂在比较远的绳子上，即使他用尽全力把木炭扔完了，也仍然没有几块扔到衬衫上。

这时候，父亲缓步走过来，问道：“儿子，你现在感觉怎么样？”

小男孩回答：“爸爸，我虽然很累，但我很开心，因为我扔中了好几块木炭，白衬衫上有几个黑印子。”

从儿子的回答中，这位用心良苦的父亲看到儿子并没有明白他的真正用意，便让他去照照镜子。儿子也很顺从地去照了镜子，这时候让人吃惊的事情发生了。儿子看到大镜子里的自己满身都是黑炭，从脸上只能看到牙齿是白的。儿子的白衬衫并没有变得特别脏，而他自己却成了一个“黑人”。

这位父亲的教育方法很值得我们借鉴，因为他并不是简单说教，或者是摆大道理，说孩子的这种想法是错误的，是行不通的，而是选用一个形象而直观的教育方式，让孩子在亲身经历的实验中，明白自己错了。

有时候，我们的坏念头虽然在别人身上兑现了一部分，别人倒霉了，但它也同样在我们身上留下难以毁灭的污痕。

俗话说得好：“父母是孩子的第一任教师。”家庭教育既是摇篮教育，也是终身教育。家庭教育因其特殊的地位和影响，在我们的大教育系统工程中起着举足轻重的作用。因此，家庭教育一定要懂点心理学。

## 差生是差老师和差家长联手缔造的

在孩子的成长中，或大或小的成功都会让他们感到自豪和骄傲，从中受到激励，看到自己的能力，也就有了更大的信心走向更大的成功。

清代教育家颜元说："数子十过，不如奖子一长。"说的是否定子女的一些过错，远不如鼓励子女的某些长处收到的效果好。所以说，鼓励教育的作用不可忽视。

在孩子的眼中，考试获得好成绩、比赛获奖、老师的表扬是成功的，但这也仅仅是针对少数孩子而言。对于多数孩子来说，成功意味着别人所给予的肯定的评价！否定和批评就意味着失败。所以，教育孩子要少用批评多用鼓励。但我们所说的鼓励不等同于表扬，表扬是对成功的夸奖，而鼓励则是给孩子提供锻炼和表现自己的机会，是培养孩子的信心。

现今社会对人才素质的要求越来越高，使得学校和家长对孩子的要求也越来越严格。当孩子的成绩达不到学校和家长的高期望时，如果受到的是批评、指责、训斥，孩子就会丧失兴趣和信心。尤其是孩子还处于心理不成熟阶段，一味地比较、责备只会使他们更加气馁，心理所承受的压力会更大，这对孩子的健康成长是不利的。这就要求大家通过观察孩子的言谈举止来寻找孩子的内在的潜能及需求，按照他们的兴趣和爱好给予鼓励和引导，激发孩子的积极能动性和自信心，为日后的发展打下坚实的基础。

丰子恺，著名漫画家、书法家、散文家，浙江桐乡人，师从李叔同。丰子恺多才多艺，一生著作丰厚，光是公开出版的作品就达 180 多部，可谓是一位多产的大学问家。

丰子恺先生十分重视对子女的教育，他的教育原则是：走进儿童内心世界，保持童心童稚，品德与学问同等重要。在他的悉心教诲下，子女们都健康成长。

长子丰华瞻子承父业，不仅在美术方面很有造诣，其人品与文章也为人们所敬仰。次子丰陈宝、女儿丰一吟长期以来一直致力于父亲著作的整理研究工作。

丰子恺先生十分好客，故而经常有美术界人士来拜访。每当他与来客切磋答对时，总是让儿子丰华瞻在一旁聆听，有时还鼓励儿子参与讨论。

丰子恺很重视对儿女进行礼貌待客的教育。每次家里有客人来访，他总是向儿女强调：要为客人端茶、添饭。他还教育儿女说："如果客人送你什么东西，你要双手去接，表示对客人衷心的谢意。”

他还幽默地对儿女们说：“假如只用一只手端茶、送饭，就好比皇上对臣子赏赐礼物，或者向穷人做施舍，又或者像父母给婴儿喝水、喂饭一样，这是一种不恭敬的行为。”父亲说的这些话深深地印在儿女们的心里，使他们终生难忘。

丰陈宝小时候很腼腆，一见陌生人就脸红甚至紧张得连话也说不出来。为了锻炼儿子的社会交往能力，在儿子十三四岁时，丰子恺把他带到上海开明书店做些抄写文字的工作。

有一天，一位读者慕名来找丰子恺请教问题。客人向丰子恺请教完问题后，正准备告辞，看见陈宝在大厅里抄写东西，于是就准备和他打招呼。陈宝从未见过这个客人，一下子愣在那里，手足无措，一言不发，不知如何应答才好。客人走后，父亲便把儿子叫到身边，严肃地说：“刚才客人跟你打招呼，你怎么可以一言不发呢？这是极不礼貌的行为，以后一定要杜绝。”

还有一次，丰子恺在饭馆里宴请一位多年未见的老朋友，他把几个子女都带去作陪。吃完饭，孩子们就想先回家去。丰子恺知道情况后，立刻悄悄制止了他们。回家后，他把儿女们叫到一起说：“我们请客人吃饭，你们就是主人。如果主人比客人先走，那是什么待客之道呀？”儿女们听了这番话，都很懂事地点了点头。在丰子恺的悉心教导下，他的子女们后来都成为很有礼貌的人。

心理学家认为，孩子的健康成长中，既靠注意力、观察力、想象力、思维力、记忆力这些智力因素，同时也靠情感、意志、兴趣、自信等非智力因素。其中，信心对孩子的成长很重要，而鼓励可以增强孩子的自信心。有时，一句鼓励的话语、一个赞许的眼神都可给孩子巨大的精神力量。孩子有了进步时，哪怕很微小，我们都应该给予适当的表扬和鼓励，让孩子在鼓励中看到自己的力量，从而增强自信心，不断地努力向前。当孩子失败时，一味地责怪只会让孩子气馁。我们应该帮助孩子找出失败的原因，根据孩子的实际情况，给孩子一个具体、合理、可行的方法，让孩子在每一个小的进步中体验成功，从而激励孩子不断地朝着大的目标前进，直至取得成功。

如果一个孩子缺少激励，他的成长就可想而知了。只要我们用心观察，就会发现每个孩子身上都有发光的地方。只要我们对他们每一次细小的进步给予激励，让孩子在每一个进步中都品尝到成功，就会激励孩子去渴求更大的进步、更大的成功。所以，孩子需要激励就如同生命需要阳光一样。

或许眼前的进步是微小的，但是谁又能为孩子的未来打包票呢！就像爱迪生和达尔文，当人们嘲笑他们的时候，谁会想到在别人眼中的“问题儿童”未来会有如此大的成就，并为人类的进步做出如此大的贡献呢？所以，请大家不要吝啬，慷慨地给予孩子激励吧！

激励能扬起孩子生活的风帆，孩子自信心的培养，尤其需要来自父母、教师和朋友的激励。

# 第十五篇
# 操纵难对付的人的心理策略

人的一生，不知要和多少人打交道，每个人都不可避免地要与各种不同职业、不同思想的人交往。自然，在这些人中就有各种不同性格的人。遇到难对付的人，一般人的直接反应也许是：不理他就好了。然而，如果他是你的上司、同事、合作伙伴或客户，你根本就没有不理他的权利。不管对方性格如何，你都要和他打交道。只有采取相应的心理策略，才能操纵难对付的人。

## 看，那些难对付的人

我们在社交场上，总会遇到有着各种各样性格、脾气的人。如何摸透每个人的秉性，采取恰当的方式与其相交相处，是一门高深的学问。下面说一些与不同性情的人交际的技巧，供大家参考。

第一，毫无表情的人。人的心态和感情常常会透过脸部的表情显现出来，故在交涉的时候，往往可作为判断情况的依据。然而，有些人却毫无表情可言，喜怒不形于色。这种人若非深沉，就是呆板。当你与这种人进行交涉时，最好的方法就是特别注意他的眼睛和下巴。有时候，适度的紧张和放松也可以在交涉中形成理想的气氛。当你明白对方的反应是受自己的应对态度所影响，进而影响到交涉结果时，就不得不研究一下自己的言行举止了。特别是碰到脸上毫无表情的人时，就更应注意。

第二，死板的人。这类人，就算你很客气地和他打招呼、寒暄，他也不会做出你所期望的反应来。他通常不会注意你在说些什么，甚至你会怀疑他听进去没有。与这类人进行交往，刚开始多多少少会感觉不安。遇到这类人，你就要花些时间，仔细观察，注意他的一举一动，从他的言行中寻找出他真正关心的事来。你可以随便和他闲聊，只要能够使他产生一些反应，事情就好办了。接下来，你要好好利用这个话题，让他充分表达自己的意见。每个人都会有他感兴趣的关心的事，只要你稍一触及，他就会滔滔不绝地说出来，此乃人之常情。因此，你必须好好掌握并利用这类人的性格和心理。

第三，傲慢无礼的人。这类人往往自视甚高，目中无人，表现出“唯我独尊”的样子。与这种举止无礼、态度傲慢的人打交道，实在是一件令人难受的事情。可是，如果我们不得不与这类人接触，又该怎么应付呢？应付这种人，说话应该简洁有力才行，最好少跟他啰唆，所谓“多说无益”。首先，尽可能地减少与其交往的时间，在能够充分表达自己的意见和态度或某些要求的情况下，尽量减少他表现自己傲慢无礼的机会，他往往也会由于没这样的机会而不得不认真思考你所提出的问题。其次，语言简洁明了，尽可能用最少的话清楚地表达你的要求与问题，让对方感到你是一个很干脆的人，是一个很少有讨价还价余地的人，因而约束自己的架子。最后，你还可以邀请这类人去跳舞，聊家常，到卡拉 OK 厅唱歌等。对方一旦在你面前表现出其生活的原色之后，在以后的交往中，他往往就不会再对你傲慢无礼了。

第四，沉默不语的人。和“闷葫芦”在一起，人们总会感到沉闷和压力，特别是对那些性格比较外向、活跃的人，更是觉得难受。在这种情况下，有些人为了活跃气氛，便故意找些话题来说。其实，这是没有必要的。这是因为，对于沉默寡言的人来说，他们之所以这样做，可能是出于其有某种心事而不愿多言。这时，你应该尊重对方，不要去破坏对方的心境，让其保持一种内心选择的生存方式。相反，你如果故意没话找话，并拼命地想方设法与对方交谈，只能引起对方的反感。对于这类人，你最好采取直截了当的方式，让他明白表示“是”或“不是”、“行”或“不行”，尽量避免迂回式的谈话。

第五，自私自利的人。世上自私自利的人为数不少，无论你走到哪儿，总会遇到几个。这类人心目中只有自己，凡事都将自己的利益摆在前头，要他做些于己无利的事，他是断然不会考虑的。但是，当我们不得不与其接触时，只有暂时抑制自己的厌恶之情，姑且顺水推舟，投其所好。当他发现自己所强调的利益被肯定时，自然就会表示满意。如此，交涉就会很快获得成功。自私自利的人尽管心目中只有自己，特别注重个人的得失和利益，但是，他们也往往会因利而忘我地工作。我们对他们不必有太高的期望，也没必要希望他们能够像朋友那样以情为重。与这类人交往，可以仅仅是一种交换关系，干多少活，给多少钱；干得好坏不同，钱也不一样。

第六，争胜逞强的人。这类人狂妄自大，自我炫耀，自我表现欲望非常强烈，总是力求证明自己比别人强，比别人正确。当遇到竞争对手时，这类人总是想方设法地挤兑人，不择手段地打击人，力求在各方面占上风。人们对这类人，虽然内心深处瞧不起，但为了顾全大局，为了不伤交往中的和气，往往事事处处迁就他、让着他。殊不知，这类人并不理解别人的谦让，还以为自己真是了不起，由此而变本加厉地瞧不起别人，不尊重别人。对这类人不能一味迁就，有必要在适当的时候，以适当的方式打击一下他的傲气，使他知道天外有天、山外有山。

第七，狂妄的人。这类人实际上并没有多少学问，往往是自我吹嘘，夸夸其谈。他们所表现的高傲、不屑一顾等神态实际上是一种心灵空虚的补充剂，以维持其虚荣心。与这类人相处的方式实际上很简单。乍看起来，他们似乎视野开阔，天南地北，无所不谈，一副居高临下的样子。但只要就某一问题深入地与之探讨，他便会露出马脚。一旦露了马脚，他的威风就自然扫地。另外，与这类人初次相处，可以用你的常识将之“震”住。如果做到这一点，往后的交往便迎刃而解了。

第八，搬弄是非的人。不要以为把是非告诉你的人便是你的朋友，他们很可能是希望从中得到更多的谈话材料，从你的反应中再编造故事。所以，聪明的人不会与这类人推心置腹。令他远离你的办法，是对任何有关你的传闻反应冷淡，无须作答。如果对方总是不厌其烦地把不利于你的是非辗转相告，以致对你的情绪造成很大的负面影响，那么你应拒绝和他见面或不接他的电话。总之，这类人不宜过多地交往。

第九，性情急躁的人。这类人乍看反应很快，他常常在交涉进行到高潮时，忽然做出决断，给人“迅雷不及掩耳”的感觉。这类人多半性子太急，有时候为了表现自己的“果断”，决定就会显得随便而草率。由于“反应”太快，这类人总会对事物产生错觉或误解，其特征是：没有耐心听完别人的谈话，往往“断章取义”，自以为是地下决断。如此虽使交涉进行得较快，但草率做出的决定多半会留下后遗症，招致意料不到的枝节发生。倘若遇到这类人，最好把话题分成若干段，说完一段之后，马上征求他的意见，等他同意了再继续进行下去。如此才不至于发生错误，也可避免不必要的麻烦。遇上性情急躁的人冒犯你，可要严肃对待，一定要保持头脑冷静。可以暂时置之不理，有时瞪他一眼就够了，有时一笑置之即可。这样做，在大多数场合，可以使你摆脱尴尬的局面，避免与其发生争吵。

第十，性子慢的人。这类人就是急不得，如果他没有充分了解每一件事，就不能指望他做出前进的决定。对于这类人，必须来个“因材施教”，对他千万不能急躁、焦虑或向他施加压力，应该努力配合他的步调，脚踏实地地证明、引导，慢慢就会水到渠成。

第十一，深藏不露的人。我们周围有很多深藏不露的人，他们不肯轻易让人了解他的心思，有时甚至说话不着边际，一谈到正题就“顾左右而言他”。他们多半不愿将自己的弱点暴露出来，即使在你要求他说出答案或提出判断时，他也故意装不懂或言不及义地闪烁其词，使你有一种“高深莫测”的感觉。其实，这只是对方伪装自己的手段罢了。他可能是一位工于心计的人，为了在与别人打交道时获得主动，或者出于某种目的，不愿让别人了解自己，而把自己保护起来。这种人总希望更多地了解对方，从而在各种矛盾关系中周旋，使自己处于不败之地。他也可能是一位曾经有过挫折和打击并受到伤害的人，过去的经历使他对社会、对别人有一种十分强烈的敌视态度，从而对自己采取更多的保护措施。还有一种情况，他可能对某些事情缺乏了解，拿不出有价值的意见，为了掩饰自己的无知，以一种未置可否的方式、含糊其词的语气与人交往，并装出一种城府很深的样子。当你遇到一个深藏不露的人时，你只有把事先准备好的资料拿给他看，让他根据你所提供的资料做出最后决断。

第十二，顽固不化的人。顽固不化的人是很难应付的，因为无论你说什么，他都听不进去，只知坚持己见，死硬到底。跟这种顽固分子交手，是最累人且又浪费时间的，结果往往徒劳无功。因此，在你与他交涉的时候，千万要注意“适可而止”。否则，谈得越多、越久，心里越不痛快。对付这类人，你不妨及时抱定早散、早脱身的想法，随便敷衍他几句，不必耗时费力，自讨没趣。

第十三，疑心重的人。这类人容易猜疑，容易对他人的说法产生逆反心理。说服这类人成交的关键在于让他了解你的诚意或让他感到你对他所提的疑问的重视，比如：“您的问题真是切中要害，我也有过这种想法。不过，要很好地解决这个问题，我们还得多多交换意见。”

第十四，知识渊博的人。知识渊博的人是最易使我们受益的人。面对这种人，不应该放弃机会，而要多注意聆听对方说话，以吸收对己有用的知识和资料。在小心聆听的同时，还应给予自然而真诚的赞许。这类人往往宽宏、明智，要说服他们只要抓住要点，不需要太多的话，也不需要用太多的心思，以此能够达成交易，当然是理想不过了。

第十五，喜欢炫耀的人。有些人好大喜功，老是喜欢把“我怎么怎么”挂在嘴上。这类人最爱听恭维、称赞的话，要是对普通的人称赞五次就足够了，对这类人则应至少称赞十次。

第十六，优柔寡断的人。这类人遇事没有主见，往往消极被动，难以做出决定。面对这种人，自己要牢牢掌握主动权，充满自信地运用语言，不断向他做出积极的建议。多多运用肯定性用语，当然不能忘记强调你是站在他的立场来考虑的。这样促使他做出决定，或在不知不觉中替他做出决定。

第十七，喜怒无常的人。这类人只是因为容易被情绪左右而显得情绪起伏较大，也并非是什么时候都让人讨厌的。当他心情好的时候，你有什么困难或问题，他们同样会热心地加以关注。所以，你要充分理解他们。与喜怒无常的人相处，最重要的是不能让自己的步调紊乱，也就是要让自己保持平静的心情。如果你对此勃然大怒或火冒三丈，反而会被别人认为自己心胸狭窄。面对这类人，你不妨用平和的心态去应付。比如，他说：“这么简单的问题你还问我，你自己去考虑吧。”你就顺从地回答：“对，你说得对，我自己再好好想想。”这时，你就不会陷入尴尬的境地。相反，如果你在心里嘀咕，有没有搞错？不是你自己说有什么不明白的地方尽管来问你嘛？同时，你的脸上也表现出不满，那就很糟糕了。如果你能度量大些，胸襟宽广些，在面对这类人时常想：“这类人虽然现在情绪不好，但在他心情好的时候给我的关照很多。”这样一来，你们的关系就会更加和谐融洽。如果你只看到别人的缺点，人际关系就不可能和谐。

第十八，独断专行的人。面对这类人，你从他握手的坚定程度、他回答你问题的直白程度、他介绍自己姓名的方式，诸如此类的事情就可以做出判断。对这类人，不要浪费时间听他说废话。你应直接提出自己的意见，不要聊天。如果你想谈谈昨晚的篮球比赛来套近乎，他会把目光移开盯着别的地方。不要给这类人过多的信息，他会根据一些信息做出决定。如果你想用过分热情的陈述来分散他的注意力，他会觉得你像个骗子。你就等着他做出一个果断的决定吧。

第十九，奸诈狡猾的人。大凡奸诈狡猾的人，外表看起来似乎诚恳、忠厚，内心却阴险狡猾。生活中，奸诈狡猾、两面三刀的人大有人在。所以，在人际交往中，要是缺乏起码的辨别能力，很容易掉入这类人所设置的陷阱中。与这类人交往，你要小心提防，“虚与委蛇”，实施戒备，否则就会上当受骗。这类人与其他人相处时总是身藏不露，不愿意让别人了解他的内心世界。正因为如此，身边的人总是不了解其心理，不知道他说话办事的根本目的是什么。可以说，这类人有时是很危险的。虽然危险，但你不可能不和他打交道。因此，与这类人打交道，你也得多长点心眼，应该有所防范。同时，与这类人相处时，你一定要对自己的言行多加注意，警惕不要为之所利用，并成为其工具，更不要让他完全知道你的底细。

第二十，性情正直的人。正直的人对什么事情都站在有理的一面，他们在社会中的生活一般是重义而不重利，待人以诚而不以诈。不义之财哪怕能以一获万，他们也不屑而为。正直的人的性情多数坦诚、直率，在言谈上一般直言不讳，对不合理的事情总是毫不顾忌地予以批评，甚至对自己的亲属也不会掩饰。我们常说的“大义灭亲”，就是出于这种刚正不阿的人。我们既然知道了正直人的本性，那么根据他们的性格来交际，就容易成功。凡是与正直的人做朋友，绝对不能存有虚伪的言行。正直人对虚伪是水火不相容的，虚伪能瞒于一时，而不能掩于永久。因此，虚伪、狡诈、好玩弄手段的人是难与正直人成为知己的。但正直人也并非不能容人，如我们与正直人交往，而偶有所失时，能坦白地承认错误，正直人通常都会谅解的。与正直人交际，我们遵循着不欺不诈的原则还是不够的。从积极意义上来说，自己也应处处“守正不阿”，亦能直言不讳。只有这样，正直人才觉得你可敬可佩，而不是为求与他们结交而迁就于一时一刻。

学会与各种各样的人交往，是社交活动应该掌握的最重要的技能之一。这不但有助于逾越那些难以与人相处的种种障碍，构建更加丰富的朋友圈，还能获得更多的信息，分享更多人际交往的快乐。

## 如何搞定难搞的人

面对讨厌、难搞的人，一般人的直接反应或许就是：不理他就好了。然而，如果是你的上司、工作上需要合作的伙伴或客户，你根本没有不理他的权利。不管你跟对方是否是性格不合，或对方因为自己的工作或生活压力，将情绪转嫁于你，如果你只是消极回避，在工作或情绪上，可能都会累积负面能量，最终造成伤害。遇到难搞的人，要保持专业精神。

首先，要把目光摆在目标上。要公平对待每一个人。千万不要对人不对事，要为生活而工作，不要为工作而生活。要搞定难搞的人，你首先一定要有自信，不能怯场，更不能打退堂鼓。两军对阵，如果在气势和信念上先输一筹，后面就很容易一溃千里。

其次，沟通前要做足功课，沟通时要注意分寸。世事在变，但中国人延续几千年的传统不会轻易失传——知己知彼，百战不殆。适可而止，无贪心也。如果你的“潜在合作伙伴”是个难搞的人，那你就要留神了。在正式接触之前，应先从侧面了解对方的性格、行事作风和习惯的沟通方式，做好摸底工作再采取行动，才能收到好的效果。在沟通过程中，不能光顾着把自己的想法和盘托出，而要留意对方的反应和话中隐含的玄机，抓住可以切入的点深入沟通，才能达到最佳沟通效果。

最后，不要吊死在一棵树上。这也是最重要的一点。有的人确实很难搞，根本就没有任何合作意愿，也找不到合适的切入点，那你还死缠着他干嘛？一个公司里可以做决定权的人不止一个，部门主管搞不定，你可以去搞定他的上司；A 副总搞不定，你可以去搞定 B 副总。办成一件事的方法有很多种，一条路走不通，就及时撤回主力走另一条路。

当然，任何一件不好的事，也会有它正面的存在意义。实际上，这些难搞的人可以成为我们提高情商（EQ）的好帮手！从多嘴的人身上，我们可以学会沉默；从脾气暴躁的人身上，我们可以学会忍耐；从恶人身上，我们可以学会包容，重点是你不用对这些“老师”感激涕零。

再说你所谓"难搞的人"，可能只是与你个性不同的人。相反，可能对他们来说，说不定你也是那个难搞的人。应付难搞的人，最有效的方式就是灵活。发现他们的相处模式，在与他们相处时，尽量灵活采用那种模式。如果他们喜欢先闲谈再谈正事，你也应该先与他们聊聊天；如果他们直话直说，你就闲话少说，直入主题。这样一来，在与难搞的人打交道时会更有效率，而且你会发现他们并不是那么难搞。

对于难搞的人，要带着自信去找他，找他之前要做足功课，与他沟通要注重技巧。如果实在搞不定，就忽略他，把更多资源用于其他更容易搞定的人。

## 搞定与自己为敌的人

不得不承认，有时候，自己的敌人能把我们推向成功，朋友、亲人可以把我们拉入深渊。所以，要学会善待自己的敌人。人只有时刻具备危机意识，才能提高生存的质量。我们有时也想安逸，也想放松，但时间久了，我们的意志都被磨灭了，那时我们还有什么斗志和我们的敌人去竞争？市场是无情的，同样社会也是无情的，弱肉强食，适者生存。在这个大的社会背景下，我们要想生活得更好，必须学会容忍，学会宽容，学会尊重你的敌人。

富兰克林总统年轻的时候，把所有的积蓄都投资在一家小印刷厂里。他很想获得为议会印文件的工作，可是出现了一个不利的情况。议会中有一个极有钱又能干的议员，他非常不喜欢富兰克林，还公开斥骂他。这种情形非常危险，富兰克林决心使对方喜欢他。

下面就是富兰克林自己叙述的经过：

“听说他的图书室里藏有一本非常稀奇而特殊的书，我就给他发了一封便笺，表示我极欲一睹为快，请求他把那本书借给我几天，好让我仔细地阅读一遍。他马上叫人把那本书送来了。过了大约一个星期的时间，我把那本书还给他，还附上一封信，强烈地表示了我的谢意。于是，下次当我们在议会里相遇时，他居然跟我打招呼（他以前从来就没有那样做过），并且极为有礼。自那以后，他随时乐意帮忙。于是，我们变成很好的朋友，一直到他去世为止。”

富兰克林离世已经 100 多年，而他所运用的心理办法，也就是请求别人帮忙的心理办法，可以说对我们今生今世都有效。

善待我们身边的敌人。虽然他们是我们的对手，对我们构成了表面上的威胁，但也因为这些敌人的存在，使得我们多了一份警戒，多了一份竞争力，也因此才多了一份活力。狮子之所以被公认为兽中之王，就是因为它时时带有一份敏感的警惕性。闽南语有首歌唱得好：“有竞争才会进步。”

当然，善待与自己无关的人还比较容易，善待敌人就难得多了。难道他打我左脸，就该把右脸送过去挨打吗？当然不是。善待敌人，在他们困难时拉一把，不要落井下石；在他们步入歧途时告诫一句，不要在旁边幸灾乐祸……如果穷寇仍追，敌人反噬一口，倒霉的就是自己了。而善待敌人，也许可以化干戈为玉帛，多一个朋友总胜于多一个敌人。

最成功的社交是化敌为友，最要命的社交是化友为敌。

## 巧妙对付职场中难缠的人

作为上班族，每天和你在一起时间最长的人是谁？既不是你的亲人，也不是你的朋友，而是你的同事！他和你在办公室面对面、肩并肩，同劳动、同吃喝、同娱乐。但当我们有了“私人空间”的概念之后，我们同样不能忽视合理的社交空间和公共空间。办公室里的距离如何把握，并不是那么简单的事。同在一个单位，或者就是同在一个办公室，搞好同事关系是非常重要的。关系融洽，心情就舒畅。这不但利于做好工作，也有利于身心健康。倘若关系不和，甚至有点紧张，那就没滋没味了。

下面教你几招，巧妙搞定难缠同事：

难缠类型 1：推卸责任的同事

第一，请他们协助工作时，目标必须明确，时间、内容等要求要讲清楚，甚至白纸黑字写下来，以此为证据。

第二，不为他们所提出的借口而动摇，请温和地坚持原来的决议，表达你知道工作有其困难性，但还是需要在一定范围内完成的期望。

第三，如果他们试图把过错推给别人，不要被他们搪塞过去，你只需坚定地说明那是另一回事，现在要解决的是如何达成原定的目标。

第四，如果他们真的遇到问题，除非真有必要，你不用主动帮他们解决，防止他们养成继续对你使用这招以摆脱工作的习惯。

第五，请主管在不影响整体工作的情况下，重新协调工作分配，以达成工作目标优先的目的。

难缠类型 2：没能力还喜欢发脾气的同事

在职场上，有人喜欢抱怨，有人喜欢发脾气，有人八卦，有人背地里出卖同事……这些职场行为，可能直接就影响到他人的身心健康和私人生活。面对这些难缠的同事，关键在于保持心平气和，并且要尽量学会去改变自己的行为，而不是迎合这类同事。在职场上，要学会运用“暂时逃避”的哲学，因为距离产生美感，距离有助于你保持平静的心态。

难缠类型 3：自私自利却被老板赏识的同事

自私是人的本性，在职场上存在竞争，自然就存在利益关系，那么同事和同事之间就可能存在争斗。在你的公司中，你们讨厌的同事用自己的自私维护着自己在你们公司的一席之地。在他看来，这正是他维护自己职场地位的有效方式。其实，在生活中，我们每个人都有长短，不是俗话说“十个指头伸出来还不一样长”嘛，和同事相处要尽量去发现他的长处。另外，在工作中，最好不要和别人经常聊天。你若认定你们很多同事都不喜欢这个自私的工作伙伴，你们有交流才会得出这样的结论。所以，需要提醒的是，在办公室里最好少讲工作以外的话题，尤其不要议论同事，不要让自己成为各种办公室八卦新闻的转运站。如果有同事散布你的是非，最好当面质问传话者。当别人跟你谈论他人的是非时，最好用“别人的事情咱没有必要操心”这类的话回绝。

难缠类型 4：支配狂

第一，了解他们对工作的要求水准，让他们知道你其实是可以信赖的。

第二，随时告知他们工作的进度与状况，必要时询问他们的意见，让他们知道工作正由其他人在大家都满意的状况下进行。

第三，如果你不小心犯了错，也要让他们知道你会从这个错误中学习，不会重蹈覆辙。

第四，询问他们事情最糟的状况是什么，可以帮助你了解到结果通常不会像想象中那么糟。

难缠类型 5：专爱挑剔别人的同事或上司

有时，我们会遇到苛刻的同事或上司。此时，不妨先考察一下，对方挑剔背后的动机是什么？是他本身对自己、对工作的要求就很高，还是要借此来打压别人？遇到要求高的领导，不妨欣然接受对方的批评和建议，将他视为鞭策自己成长和进步的“贵人”。如果实在被对方逼得喘不过气来，也不妨适度表达一下自己的感受。例如：“你的标准真高，我们都达不到。”意思是提醒对方，别总是追求完美。职场上矛盾冲突很正常，解开这些疙瘩，让矛盾冲突得到解决也是一个好办法。但有一个尺度要把握，不能因此而反目成仇，最好是建设性地解决问题。你的同事是你的竞争对手，但更多的时候，你们是团队合作者的关系。有时，你需要说服他；有时，他需要说服你。

难缠类型 6：爱发牢骚的同事

同事的牢骚，随便听听就好，不用太认真，更不可附和。否则，对方将会把你当作发泄情绪的垃圾桶，一有不满就往你身上“倒垃圾”。你应该劝诫他，负面情绪无益于解决问题，与其满腹牢骚，不如正面去解决问题，才是正本清源之道。尽量跟爱抱怨的同事保持距离，不要让他的话影响工作情绪。

难缠类型 7：情商差的同事

王女士的邻座同事，脾气不好，情绪控制力很差，经常因为一点小事大发脾气，对别人大吼大叫，毫不顾及他人的感受。每当这位同事发脾气，王女士都会情绪低落，觉得受到了伤害，认为他是冲着自己来的。其实，面对这种情商差的“火药桶”，最好的处理方式就是冷静、冷静再冷静。不妨学学西方人，运用“暂时离开”的哲学，礼貌地说一句：“对不起，我想去趟洗手间，等一下我们再谈。”也可以说：“对不起，我现在跟人有约，可否待会再谈？”总之，及时离开现场，可以让你远离风暴、平复心情。

难缠类型 8：兴风作浪的同事

职场上那些喜欢讲是非、传八卦、中伤他人的家伙，往往让人防不胜防。虽然讲八卦、传八卦反映了人的天性，可以满足窥探别人隐私、评点他人短长的欲望，但八卦讲久了，很容易让自己陷入是非之地。因此，最好少跟爱讲八卦的同事在一起聊天、交换信息。一来不让自己成为八卦转运站，二来也不会让个人的隐私传播出去。如果有同事散布你的是非，可以直接扑灭流言和中伤：“听说，你说我什么……不知道是不是个误会？”一方面，给对方解释的机会；另一方面，也为自己澄清事实。

难缠类型 9：口蜜腹剑的同事

对这种同事，最简单的应付方式是装作不认识他。每天上班见面，如果他要亲近你，你就要找理由马上闪开。能不做同一件工作，尽量避开不和他一起做；万一避不开，就要学着写日记，留下工作记录。

难缠类型 10：吹牛拍马的同事

当这类人是你的同事时，你就得小心了。不可与他为敌，没有必要得罪他。平时见面还是笑脸相迎，和和气气。如果你有意孤立他或者招惹他，他就可能把你当作往上爬的垫脚石。

难缠类型 11：有雄才大略的同事

有雄才大略的同事，如果大家利益、目标一致，大可共创一番轰轰烈烈的事业。如一山不能容二虎的话，也可各取所需，各享盛名，而各得其利。如果以上办法行不通，你就全心全意地帮助他成功，自己多少也留下识才的美名。

难缠类型 12：挑拨离间的同事

这类人做了你的同事，你除了谨言慎行并和他保持距离外，最重要的是你得联络其他同事，建立联防及同盟关系，将他孤立起来。他向任何人挑拨离间，都不要为之所动。

难缠类型 13：喜欢传播谣言的同事

散播谣言是不当行为，并且有损一个人的形象。有心人会诱使你加入散播谣言的阵容，将来追究责任时，他们也会昧着良心将责任推到你身上。要避开这种陷阱的办法是转移此类话题到正经事上，或干脆对他们说："我真的不想谈这种话题，我不想聊这种道听途说没有根据的事……"他们不仅可能就此打住，也许内心还佩服你的个人修养呢。

难缠类型 14：关系恶化的同事

当你感受到自己与某位同事的工作关系已经恶化到你无法处理的地步，就该寻求调解协助。这不是要找出谁对谁错，只是希望借助外力求个和平共存。如果你有一个善解人意的老板，也许可以请他出面协助你们两位解决这个问题；或者是你可以采取主动，建议对方也许调到别的单位或部门工作会比较快乐一点。但千万不要把场面弄得像是非要摊牌不可，而要站在对方利益的角度，提出解决的方案。

难缠类型 15：尖酸刻薄的同事

尖酸刻薄型的人，是在公司内较不受欢迎的。他的特点是和别人争执时往往挖人隐私不留余地，同时冷嘲热讽无所不至，让对方自尊心受损，颜面尽失。这类人平常以取笑同事、挖苦老板为乐事。你被老板批评了，他会说："这是老天有眼，罪有应得。"你和同事吵架了，他会说："狗咬狗一嘴毛，两个都不是好东西。"你去纠正部下，被他知道了，他也会说："有人恶霸，有人天生贱骨头，这是什么世界？"尖酸刻薄型的人，天生伶牙俐齿，得理不饶人。由于他的行为离谱，他在公司内也没有什么朋友。他之所以能够生存，是因为别人怕他，不想理他。但如果有一天遭到众怒，他也会被治得很惨。

如果不幸这类人是你的老板，你唯一可做的事就是换部门或换工作。但在事情还没有眉目及定案时，不要让他知道。否则，他的一轮人身攻击会使你承受不了。

如果他是你的同事，就和他保持距离，不要惹他。万一听到一两句刺激的话或闲言碎语，就装没听见，千万不能动怒。否则，便是自讨没趣，惹鬼上身。

如果他是你的部下，你得多花时间在他身上。有事没事和他聊聊天，讲一些人生的善良面，告诉他做人厚道自有其好处。你付出的爱心和教诲，有时会替公司带来一份意想不到的收获。

同事不等于朋友，不能公私不分。和同事保持适当的距离，会使你看起来更美。

# 第十六篇
# 自我心理操纵策略

心理状态常常直接影响到一个人的世界观、人生观、价值观，直接影响到一个人的具体行为。良好的心态可以有效控制人的情绪和意志。面对生活，人是需要优化心理结构的。一个无法控制自己情绪的人，一定也无法控制自己的人生。对于一个希望成功的人来说，不能任由情绪自然地表现，得学会控制。从某种意义上讲，心理健康比生理健康更为重要。没有过不去的坎，只有想不开的事。

## 做一个心理健康的人

良好的身体不仅包含强健的体格，而且包含健康的精神。只有心理健康的人，才会不断战胜自己，创造机遇，把自己的事业推向成功。心理健康的人说话做事光明磊落，从不模棱两可或用谎言欺骗人，也从不欺骗自己。他们认为，要么活得轰轰烈烈，要么活得平平淡淡。无论什么样的生活，都能显示出真实来。

心理健康的人是充满自信的。他们不喜欢生活在别人的阴影之下，他们希望靠自己的奋斗、自己的能力，拼搏出一块属于自己的天地来。因此，他们不断地学习、补充自己的能量，不断地超越自我，奋斗在事业的第一线。这样的人有良好的人际关系，但决不依赖他人。他们具有自己的世界观、价值观、人生观，也尊重别人的世界观、价值观、人生观。

心理健康的人，是心胸宽广、乐观活泼的人。在生活中，他们总是以风趣、幽默来代替呆板、乏味，从而激发人的活力，消除人与人之间的隔阂。他们会创造一种乐观向上的生活局面，激励人在逆境中奋进。和这样的人相处，你也会被感染上活力，会觉得生活更快乐。

心理健康的人，能正确看待个人与他人、个人与社会的关系。他们能把自己放在一个正确的位置上，踏踏实实，不怕吃苦，勤勤恳恳地奋斗，一步步地接近自己的目标，从不好大喜功、华而不实。

健康有赖于良好的道德修养。科学研究表明，经常做好事的人，心血管疾病和感染性疾病的发生率低；而那些不讲道德、损人利己的人，更容易损害健康。一个人如果缺乏应有的道德修养，遇事斤斤计较，既要算计别人，又要防备别人，就会终日陷入紧张、愤怒和沮丧的精神状态，导致体内各系统功能失调，免疫力下降，各种疾病很容易找上门来。而一个助人为乐的人，坚持做好事，他就能够与周围的人建立良好的人际关系，每天都会感到愉快，获得精神上的平静和舒适，从而促进身心健康。

心理健康是近几年流行的新名词。与传统的健康观念比较，从对心理健康的漠视到重视，这是一个观念的飞跃，也是生活质量的飞跃。现在，我们都已经意识到，健康，最主要的还在于人的心理健康。怎样保持心理健康?关键要学习一些心理卫生知识，掌握心理保健的方法，进行自我慰藉，及时排除心理障碍，保持心理平衡，从而心情舒畅地投入生活。

在平时，还应注意做到以下几点：

第一，对未来充满信心。理想是人生的精神支柱，是青春永驻的营养剂。丢弃理想就会无所事事，失去目标，失去动力，身心屈服，万念俱灰。而坚信“太阳每天都是新的”，为实现理想不懈努力，内心就会深感踏实。

第二，学会感恩。感激周围的同事、朋友、家人和生活环境，感激自己现在拥有的一切。但不是消极地沉湎于满足现状的自我安慰中，而是通过这种方式形成深沉的内驱动力，获得力量与勇气。

第三，对客观环境有很强的适应性。所谓适应，一是承认接纳现实，二是调整自己。但并非消极地逆来顺受，随遇而安，而是在主客观的相互溶解与撞击中，使自我得到升华。

第四，注意保持良好的情绪。尤其是当受到挫折、损失甚至干了一件使自己后悔的事情后，能在短时间内恢复自己一向乐观的情绪。

健康是一个由多种因素构成的，互相影响、互相制约的复杂的系统工程。从一定意义上说，一个体格健壮但心理不健康的人，不能算是健康人。健身，必须与心理健康同行。

## 克服心理障碍

众所周知，作为万物之灵的人，既有生物属性，也有社会属性，是有着丰富思想感情的，所谓“形具而神生，好恶喜怒哀乐藏焉”。因此，人会罹患生理疾病，心理上也可能出毛病。在日常生活中，常听到人们使用“心理障碍”这个词。什么是“心理障碍”？心理障碍是指一个人由于生理、心理或社会原因而导致的各种异常心理过程、异常人格特征的异常行为方式，是一个人表现为没有能力按照社会认可的适宜方式行动，以致其行为的后果对本人和社会都是不适应的。我们可以从一个人行为上的偏离程度，来判断这个人的“障碍”程度。如果一个人的行为表现偏离社会生活的规范程度越厉害，他的“障碍”程度就越深。这种“障碍”的主要原因是在后天生活经验中，一些不良的适应形成习惯而造成的，而由于先天因素遗传所造成的“心理障碍”较为少见。

心理障碍是多种多样、纷繁复杂的，常见的有以下几种类型：

第一种类型：适应性障碍。主要是由于环境的原因造成的心理和行为失调。通常表现为不能正常地适应工作、生活和学习，不能正常地发挥自己的能力，不能正常地进行人际交往等。

第二种类型：抑郁性障碍。主要表现是情绪持续低落，郁郁寡欢，悲观厌世，不愿与人交往，情绪呆板，总以“灰色幽暗”的心情看待一切，对什么都提不起兴趣，自罪自责，内心体验多不幸、苦闷、彷徨、无助，总感到活着没有意思。

第三种类型：焦虑性障碍。焦虑是一种不明原因的害怕，是不能达到目标和不能克服障碍时表现的紧张不安，心烦意乱，忧心忡忡。经常怨天尤人，自忧自怜，毫无缘由地悲叹不已。碰上一点小事，往往坐立不安；遇到一点紧张的心理压力，便会不知所措。注意力很难集中，难以完成工作任务，并伴有身体不适，如出汗、口干、心悸、失眠等。

第四种类型：强迫性障碍。做事反复思考，犹豫不决，自知不必想的事仍反复想，自知不该做的事仍反复做，因而感到紧张、痛苦。强迫性障碍的常见症状包括：强迫观念，如强迫回忆、强迫怀疑等；强迫意向或强迫冲动等；强迫动作，如反复检查门锁等。强迫症状每个人都曾出现过，但只要不成为精神负担，不妨碍正常的工作、生活，就不算强迫性障碍。

如何才能消除心理障碍呢？以下五条措施非常有效，不妨一试：

第一，尽量发泄。把内心的痛苦、烦闷找知己倾诉出来，痛哭一场也好，大喊大叫也罢，总之是要把积聚的负性心理能量释放掉，就可缓解心理压力。

第二，适时转移。暂时离开引起不快的人、事和环境，还可将注意力转移到自己感兴趣的活动上去。比如，进行一项自己喜欢的体育活动，这样消极情绪会很快被替换掉。

第三，降低期望。心理学研究发现，期望值越高，失望越大。很多烦恼是由于对自己、他人和社会的期望值太高而造成的。因此，适当降低期望值，对现实不抱不切实际的幻想，也就会少了许多烦恼。

第四，偶尔屈服。凡事太计较，一味固执，不作半点让步，烦恼当然会多。而只要大前提不受影响，作一些细节上的妥协是必要的，毕竟退后一步海阔天空！

第五，大话幽默。遇到挫折时，可用幽默来化解困境，维持心理平衡。大哲学家苏格拉底和一群学生讨论学术问题时，夫人突然跑进来，先是大骂，接着又往苏格拉底身上浇了一桶水，把他淋了个透。可苏格拉底只是笑一笑说：“我早知道，打雷之后一定下雨。”本来很难堪的窘境，被他一句幽默话就化解了。

要克服心理障碍，就必须自觉运用防御机制及其他有效措施。

## 消除紧张情绪的心理策略

现实生活中，有些人不管受到什么冲击和压力，都有办法表现出很轻松、毫不在乎的样子。还有些人，即使是只发生了一个小小的问题，也会像天要塌下来似的，经常因此而忧郁发怒。如果你是属于后者，你要明白，紧张对身体健康有害无益。

美国精神治疗专家史提芬博士说："紧张就和饥饿、口渴一样，都是人生活的一部分。但是，如果过度紧张，则对人体不但无益，反而有害。所以，我们必须明白紧张的好坏，然后才能懂得应该利用紧张的好处，即抑制它的坏处。"

一般来说，紧张主要存在于三种方式：一是事前的紧张；二是事中的紧张；三是事后的紧张。

第一，事前的紧张。当我们准备要做或要应对一件事情时，此时对于我们来讲是一个十分紧张的过程，大脑活动十分剧烈。

第二，事中的紧张。在做事情的过程中，由于我们过分地担心一些事情，在这样紧张的心情下，大脑甚至会出现空白现象，不知道该如何进行。此时，我们往往会感到注意力不集中，对方的话很难听明白，自己的意思很难表达清楚。

第三，事后的紧张。事后紧张主要是对自己的表现担忧，担心自己在对方的心目中是什么样的评价。在这个过程中，往往会因为自己的一点点表现不好而处于深深的自责之中，责备自己的无能，担心他人对自己的看法，设想自己的价值，过分夸大危险性的后果，造成情绪低落和焦虑的心情。

下面，我们就谈谈几种克服的方法：

第一，保持心胸宽广。对别人的评价不必太过介意，更不要把莫须有的事情想象得那么复杂，这样就能让这些事情给自己造成的心理压力得到最大限度的减轻。有这样一句名言："走自己的路，让别人去说吧！"做人要活得潇洒一些，不要为了别人的看法而活，因为害怕别人的评价而把自己弄得紧张异常，而要非常自信，只要觉得自己是对的，就坚持自己的观点，不用在乎别人的想法。

第二，自我调节。当遇到十分突然的事情或面临重大考验而感到非常紧张时，一定要用自我暗示的方法来稳定情绪，让自己保持冷静和理智。要知道，在这种情况下，紧张无济于事，只会让你自乱方寸，影响判断事物的能力，而且有可能全盘皆输。先做一个深呼吸，努力缓解紧张的情绪，然后尽量放松并保持一个清醒的头脑去解决问题。在面对各种各样的生活和工作压力而感到持续紧张时，不妨找一些好的方法来缓解压力。比如，多参加一些轻松的交际活动，多和朋友聚会聊天，一起出去玩等。还可以培养一些好的兴趣爱好，如绘画、书法、音乐等，让自己在这些活动中保持轻松的心态。若遇到外在的打击、外来的变故而导致紧张，如天灾人祸等，就应努力保持一颗平静的心，顺其自然。

第三，深呼吸。通过呼吸节奏的调整，可以轻松达到对自己的思维进行调整的目的。当我们紧张时，不仅体验到意识上的紧张，也会体验到来自生理上的紧张，如心跳、面部紧绷等。通过做深呼吸，可以消除生理上的紧张带来的疲惫感，也可以稳定自己的情绪。

第四，转移注意力。这个方法对事前的紧张来说尤其重要。在这个过程中，我们主要针对自己的表现以及他人对自己的评价来进行设想，并为这样的设想而焦虑和紧张。此时，我们的注意力过分集中在体验由主观设想引发的情绪上，而没有把自己的注意力放在考虑如何处理自己要面临的事情上。

美国心理学教授韩斯·施义博士说："不要把事情看得太严重，更不要把小事情弄得紧张兮兮的。否则，一旦养成这种习惯，紧张就会越来越严重、厉害了。"所以，最好再寻找一些新的兴趣，改变一下日常生活。这对于驱除紧张是很有帮助的。

逃避只能暂时的消除紧张，相反，事后它会使你感觉到自己的懦弱，使你责备自己，以致下次重蹈覆辙。克服紧张的最好办法就是勇敢地面对紧张！关键是看你能不能战胜自己，勇敢地迈出第一步，勇敢地去面对！

## 避免“社交恐惧症”

随着社会经济结构的剧烈变化，我们的生活节奏也越来越快，职场的竞争也越来越激烈，人与人之间的联系更是越来越频繁，每个人都要走出家门，主动迎接挑战，“开放、积极”是目前我们倡导的主流心理特征。但是，“社交恐惧症”近几年来悄然浮现。

社交恐惧症是一种对任何社交或公开场合感到强烈恐惧或忧虑的精神疾病，患者对于在陌生人面前或可能被别人仔细观察的社交或表演场合，有一种显著且持久的恐惧，害怕自己的行为或紧张的表现会引起羞辱或难堪，有些患者对参加聚会、打电话、到商店购物或询问权威人士都感到困难。

如何才能消除这一心理疾病呢？以下四条措施非常有效，值得一试：

第一，做一些克服羞怯的运动。将两脚平稳地站立，然后轻轻地把脚跟抬起，坚持几秒钟后放下，每次反复做30下。每天这样做二到三次，可以消除心神不定的感觉。

第二，学会专心地、毫无畏惧地看着别人。当然，对于害羞的人，开始这样做有一定的困难。但是，你非学不可。试想，你若老是回避别人的视线，老盯着一件家具或远处的墙角，不是显得对人很没礼貌吗？也很幼稚吗？难道你和对方不是处在一个同等的地位吗？为什么不拿出勇气来，大胆而自信地看着别人呢？

第三，丰富自己的知识。有时，你的羞怯不完全是由于过分紧张，而是由于你的知识领域过于狭窄，或对当前发生的事情知道得太少的缘故。假若你能经常读些课外书籍、报刊、开拓自己的视野，丰富自己的阅历，你就会发现，在社交场合你可以毫无困难地表达你的意见。这将会有力地帮助你树立自信，克服羞怯。

第四，深呼吸。害羞使人呼吸急促，因此，要强迫自己做数次有节奏的深呼吸，这样可以使紧张的心情得到缓解，为自信心的建立打下基础。

那么，我们又该如何预防社交恐惧症呢？以下五点值得注意：

第一，克服“怕”的心理。社交恐惧症主要是由一种“怕”的心理引起的，比如怕见陌生人、怕难为情、怕表现自我……这种病症是在多年的日常生活、工作、学习中形成的。因此，防治就需要在平时逐步培养对外界的适应能力，有意识地多接触周围的人和事，并最大限度地和他们主动打招呼。

第二，去掉自卑感。若带着消极的心理，常常会使自己不愿多说话、不愿多活动。要知道，你就是你，别人也许还不如你呢。所以，你没什么可以自卑的。

第三，增强自信。从心理学角度来说，自信就是自我接纳自己的程度。一个能完全接纳自己的人是非常自信的，反之则是自卑的。

第四，不要过分注意自己的言谈举止。正常的社交活动并不带有什么神秘的色彩，只不过是社会间人与人的交往与应酬。因此，过分注意自己社交中的言谈举止是多余的，随和、大方，平时怎么说、怎么做，社交中也如此。时间久了，社交就习惯了，也就自然了。

第五，注意社交形式。社交前，可带着明确的社交内容参加社交。心理上有了具体的社交内容，就可以把注意力从自身转移到事物上，不至于过分紧张。这样一来，你社交的目的就达成了。

克服“社交恐惧症”，要不断提高自我意识和社会知识水平，扩大交往的范围，结交知心朋友。

## 清楚受骗者的心理弱点

目前，比较常见的骗术有四种：第一，用迷信骗人；第二，利用大家贪便宜的心理特点下手；第三，利用受骗者的虚荣心下手；第四，也是最高级的那种，即利用某些技术漏洞而下手。从骗子们的骗术来看，他们有一个共同的特点，就是找受骗者的心理弱点。那么，抱有哪种心理的人比较容易上当受骗呢?

第一，贪婪。这是许多受骗者共同的心理特征，许多骗子会抛出一些小利益当成诱饵。如果你爱贪小便宜，希望不劳而获，梦想一夜暴富，就有可能受骗。

第二，侥幸。已经觉出情况可疑，平时的经验也可能提醒你会上当受骗，但总有一些人觉得这种事不会摊到自己头上，有一种“万一是真的呢”的想法，轻易尝试从而上当。

第三，轻信。善良并不是错，但要学会保护自己。轻信他人是许多老年人、孩子易受骗的原因，他们往往警惕性比较差，对于骗子的伪装，不能冷静理智地做出分析，往往信以为真。

第四，犹豫。这种人平时做事往往优柔寡断，如俗话说的“软耳根”。别人这么一说就觉得有道理，那么一说又觉得那样也对，这种情况最容易被骗子利用。

第五，从众。许多人都有一种从众心态，独自一个人处于某种环境中，可能会警惕性很高，不容易上当。但如果还有其他人在一起，就往往觉得比较安全，别人怎么做，自己也会跟着怎么做。很多骗局中都会有“托儿”，他们的作用就是要利用你的从众心理，诱你受骗。

仔细分析，我们不难得出受骗者的八大共性：

第一，贪小便宜。

第二，做生意不签合同，或者签订的合同中未约定付款、交货等细节。

第三，付款到不明私人账号。

第四，同意先付订金，并一步步被套，多次付款。

第五，网购不使用支付宝。有卖家开始表示可以使用支付宝，但后来以用支付宝要增加税点之类的理由，百般引诱客户线下汇款。

第六，不读书不看报，对一些常见的骗术缺乏了解，也没兴趣了解。

第七，对陌生人过分信任，甚至忽略了交易方是企业，不是个人，卖家让打款到哪里，就打款到哪里。

第八，通过贸易通或 QQ 等聊天工具即确认打款事宜，对企业的实际情况不了解的情况下，就贸然交易。

骗子的得逞，其实并没有什么高明的骗术，他们只是利用了受骗者心理上的弱点来一个乘虚而入。克服了自身弱点，就不会上当受骗。

## 设防心理要把握尺度

设防心理是人际交往中经常可以见到的一种心理现象，主要是指一个人在与他人交往时所保持的一种对他人的戒备心理。

因为每个人都可能有自己的隐私和秘密不愿意让别人知道，所以在与他人进行交往的时候，大多数人都会采取一些防范措施而不让他人了解自己的某些秘密。即使两个人单独相处的时候，相互之间也会产生一些防范心理。有些人在人多的时候，有时会感到没有自己的空间，经常担心自己的物品是否安全。还有些人把自己的日记上了锁，害怕别人了解自己的秘密。还有的学生会把自己的学习笔记看得很紧，害怕别人看了以后学习成绩会超过自己。人与人之间在交往中有意无意采取措施的设防行为都是设防心理。

设防心理在特殊的社会活动或特殊的行业中是必要的，但在正常的人际社会交往中，这种设防心理会给人际交往带来负面作用，它会阻碍正常的人际交流。因此，在正常的人际交往中，一定要把握好尺度。

小雪是大学毕业后刚参加工作不久的女孩。在单位里，她发现别的年轻人都来自大城市，均毕业于名牌大学，或出身于干部家庭、知识分子家庭。而她呢，来自一个极为偏僻的小县城，毕业于谁也没听说过的学校，更难以启齿的是她出身于贫民家庭。所以，在单位里，她最怕别人跟她聊起这些，怕别人问她来自哪啊，什么学校毕业的，父母都是做什么的。一旦躲不过去，她就瞎编，诸如父母都是大学教授，他们都出身于文化世家……她说话带有些许乡音，为避免暴露，她就尽量少说话。业务上有问题，她也不敢向那些名牌大学毕业的同事请教，怕被他们看不起，怕他们问她是哪个大学毕业的，学什么专业的。同事们组织一起外出去游玩，她也是能不去就不去。她很怕他们看出她的许多习惯不像城里人，尤其不像出身于文化世家。最近，她交了个男朋友，但她家和男友的家庭条件十分悬殊。为了在男友面前装面子，她告诉男友说，她家和他家一样富有。可说完这话后，她又开始局促不安了，怕以后男朋友去她家终会露馅。俗话说：“纸是包不住火的。”

唉！这样活得真累，可不这样又能怎样呢？她常听到同事奚落、嘲笑那些小地方的人、农村的人，她可不愿成为他们的嘲笑对象啊！

但这样的结果，从表面上看是维护了自己所谓的尊严，实际上她却失去了很多。但这并不是说，就可以无所顾及地把自己的一切都向别人说出，那样也是不足取的。正所谓："害人之心不可有，防人之心不可无。"

"逢人只说三分话"，并不是要你完全封闭自己，而只是保护自我的一种手段。它是一种可以变通的说话方式，要求你要能看清对方，再选择说几分话，若是知己之人，或对方是一个坦荡的君子，你自然可以推心置腹。否则，说话没有保留只能伤害自己。

在与人交往的过程中，要把握心理设防的尺度，恰到好处地进行心理设防，你才能活得轻松，赢得和谐的人际关系。

## 勿让消极心情影响到人际关系

天气好坏，天气说了算；心情好坏，自己说了算。一个人心态好、心情好，世界上一切都会变得很美好。反之，心态不好，心情不好，一切都会很灰暗，再好的东西都看不到。

我们每个人都生活在一定的社会和家庭环境中，难免要出现这样那样的矛盾和困惑，都会造成一定程度的精神紧张和痛苦，产生一系列消极的情绪，如不快、痛苦、愤怒、失望等，这些情绪会影响人际交往的正常进行，这一点是不言而喻的。

那么，在日常生活和工作中，怎样克服这些不良情绪对人际关系的影响呢？

第一，运用正确的思维方法调节自己的消极情绪。如果你对别人施之以礼，别人也会对你以礼相待。有时，一声“谢谢”、一个微笑或一次礼让都能使你受人欢迎。记住，别人对待你的态度在一定程度上反映了你的自我形象。情绪不好实质上是由思维方法不对所导致的。比如，在不远处看见你的一位同事，他没有和你打招呼，你就以为他不再理你了。如果你反过来想，“他很可能是没看见我”，“他很可能是在想事情”，就不会影响自己的情绪了，更不会影响人际关系了。

第二，坚持经常发泄消极情绪。精神经常处于紧张状态，可能会吞噬我们健康的机体。我们需要对人诉说自己的感受，哪怕这样做也改变不了什么。记住，千万不要把不愉快的事情埋藏在心底。遇到情绪扭不过来时，可以选择暂时回避一下，用动态活动转换情绪，如看电影、散步、听音乐等。

第三，学会自我控制。有句话是这样说的：“如果我不靠自己，我又靠谁呢？如果我只想着自己，我又算什么人呢？如果我现在不想，又待何时？”如果只指望他人把事情办好，就可能使你处于被动地位。因此，办任何事情，首先要相信自己，不要将希望寄托于别人。否则，你将坐失良机，产生懊悔心理。现实的处世宗旨，相信自己和别人都在不断改善人际关系，在这个基础上设计一条自我可以接受的康庄大道。

第四，学会换位思考。如果你是对方，谁经常与你对着干，你会怎么想？你愿意和这样的人成为朋友吗？别人在背后说自己的坏话，或者是轻视自己，想想心里是什么滋味。如果你要以牙还牙，无形中你就又多了一个人际屏障。正确的方法是，不回避对方，拿出豁达的气量，主动表示友好。这样做，不仅利于个人的情绪健康，而且有助于人际关系的良性发展。

麦克斯维尔·梅尔兹在《个性的改造——心理控制学》一书中写道："快乐或随时保持思想愉悦的观念，能够在漫不经心的练习中巧妙地、系统地培养出来。"简单地以此方式来提醒自己，在这一整天都要改变原有的消极情绪反应，代之以快乐的反应。在人际交往中要友善些，尽可能从好的角度来解释对方的行为，以做出快乐的应答。

消极情绪不仅扰乱自己的生活秩序，也干扰别人的工作、生活，丧失别人对你的信任。很多人在坏情绪来临时，莽莽撞撞，处理不当，轻者影响日常工作的发挥，重者使人际关系受损，更有甚者导致身心疾病的侵袭。所以，不要做情绪的奴隶。

## 学会缓解工作和生活的压力

现代的都市生活，节奏一天比一天快，竞争一天比一天激烈。随之，压力也一天比一天大。生存压力和生活压力像两座大山一样压在人的背上，是一种什么样的感觉是可想而知的。时间久了，造成注意力狭窄、思维僵化、产生恐惧与逃避的心理、引起情绪与行为失控、长久压力导致身心疾病等。因此，需要及时调适自己，正确面对发展过程出现的各种压力，找到一个平衡点。

人活在世上，原本就是要好好欣赏世间美景的，不是让你痛苦地活着。因此，学一点减压方法，让自己的生活轻松起来。让你在生活和工作上尽量减少压力的产生。当你有了压力的时候，可以让压力减少，做一个健康的人。

压力的存在，是个人能力无法改变的。但为了保持身体和心理的健康，更好地加入到竞争之中，可以进行自我调节，找到一种放松的方式。用什么样的方法来放松、来减压，要根据自己的实际情况和需要来决定。

下面几种方法值得一试：

第一，正确认识自己、评价自己。正确认识自己、评价自己是个性发展的重要前提之一。自己对自己的认识评价是在发展过程中逐渐培养起来的。要对自己有正确的认识，做自己可以胜任的事情，对自己有合理的预期和评价。

第二，及时宣泄，找人倾诉。人们更容易被人际关系问题、情绪问题、感情问题、心理问题等困扰，而且这些问题也不是吃药就可以解决的。所以，心理医生认为，最好的排解方法就是及时宣泄。当你被悲伤、愤怒、急躁、烦恼、忧愁、恐惧等情绪所占据时，可以大声地喊出来或哭出来。同时，要勇于向亲友倾诉，在他们的劝慰和开导下，不良情绪便会慢慢消失。

第三，科学睡眠，合理睡眠。尽量在晚间 11 时到凌晨 2 时上床入睡。如果你真的有很多公事未完成必须通宵工作的时候，可以先去睡到 2 时以后再起床，若这个时间没有得到适当的休息，时间久了，肝、胆的不健康就会表现在皮肤上，出现粗糙、黑斑、青春痘、黑眼圈等问题。

第四，增强体育运动。有研究认为，增强体育运动是减轻压力的最有效的方法之一。跑步、散步或别的体育运动项目都能使人产生身体上的变化，让你由于压力过大而萎缩的细胞重新活跃起来，帮助你换一种心情去发现自己。体育锻炼还能改善身体抵抗疾病的免疫系统，可以防止智力下降，可以让你的压力在不知不觉中一扫而空。

第五，保持一颗平常心。无论何时都不要跟自己过不去，把目标定得高不可攀，凡事需量力而行，随时调整目标未必是弱者的行为。职业女性尤其要注意及时调节，因为过于沉重的心理压力必将损害健康，出现头晕、头痛、失眠、痛经等症状。

压力是现代社会的隐形杀手之一，有些人因承受不了压力而选择离开这个世界。既然活着，我们就要学会调节心理，缓解压力，使工作更顺利、生活更美好。